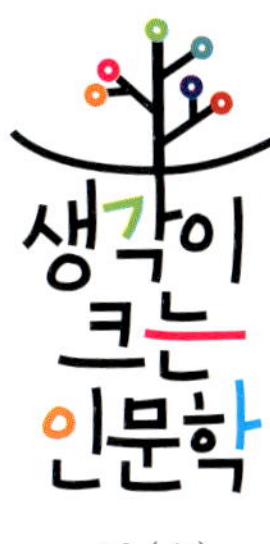

생각이 크는 인문학

부(富)

생각이 크는 인문학_부(富)

지은이 박민관
그린이 이진아

1판　1쇄 발행 2013년 7월 15일
1판 12쇄 발행 2023년 8월　1일

펴낸이 김영곤
키즈사업본부장 김수경
에듀3팀 이영애 박시은
아동마케팅영업본부장 변유경
아동마케팅1팀 김영남 황혜선 이규림 정성은
아동마케팅2팀 임동렬 이해림 최윤아 손용우
아동영업팀 강경남 오은희 김규희 황성진
디자인팀 이찬형

펴낸곳 (주)북이십일 을파소
출판등록 2000년 5월 6일 제406-2003-061호
주소 (우 10881) 경기도 파주시 회동길 201(문발동)
연락처 031-955-2100(대표) 031-955-2177(팩스)
홈페이지 www.book21.com

ⓒ 박민관. 2013

ISBN 978-89-509-5037-8 43320

책 값은 뒤표지에 있습니다.

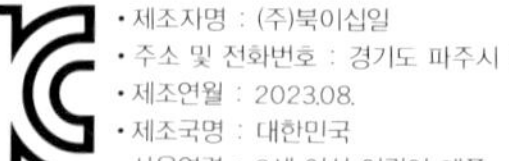

• 제조자명 : (주)북이십일
• 주소 및 전화번호 : 경기도 파주시 회동길 201(문발동) / 031-955-2100
• 제조연월 : 2023.08.
• 제조국명 : 대한민국
• 사용연령 : 8세 이상 어린이 제품

생각이 크는 인문학

❸ 부(富)

글 박민관 **그림** 이진아

을파소

목 차

1장

왜 돈이 많은 사람과
돈이 없는 사람이 생길까요?

왜 부자가 되고 싶어 할까요?

부자가 되는 특별한 방법이 있을까요?

도대체 언제쯤 경기가 풀린다는 거야?
이력서
일자리의 분배가 필요해!
과도한 업무
끙~

돈은 최악의 주인이지만, 최고의 하인입니다.

돈이 없으면 행복할까요? 이 질문에 '아니오'라고 답하는 사람은 없겠지요.

오늘날은 모든 사람들이 돈을 좇는 것처럼 보입니다. 어떨 땐 돈이 세상에서 가장 중요한 것으로 여겨지는 것 같기도 합니다. 돈이 많은 사람은 멋있어 보이고, 위대하게 보이지요.

누구나 그렇게 갖고 싶어 하는 돈이란 무엇인가요? 모든 사람들이 돈을 좇고 있지만, 정작 이 질문에 선뜻 대답할 수 있는 사람은 많지 않아 보입니다. 돈이 있으면 무엇을 할 것인지, 얼마나 많은 돈이 필요한지, 돈을 어떻게 벌 것인지 등등에 대한 진지한 고민을 해 본 사람이 몇이나 될까요? 돈이 왜 필요한지도 모르는 채 '무작정 돈이 많아야 한다'라고 생각하다니, 어찌 보면 바보 같아 보이기도 해요. 돈에 눈 먼 바보 말이에요.

"돈은 최고의 하인이지만, 최악의 주인이다"라는 말은 유명한 철학자 베이컨의 말입니다. 돈은 우리 삶을 편리하게 해 주는 유익한 도구이지만, 맹목적으로 돈만을 좇으며 '돈의 노예'로 살아갈 땐 삶이 불행해진다는 사실을 날카롭게 보여 주는 말이지요.

베이컨의 말처럼 돈은 그저 수단일 뿐입니다. 우리가 갖고 싶은 물건을 살 수 있게 해 주는 수단이며, 하고 싶은 일을 하게 해 주는 수단인 것이죠. 돈을 원하기 전에 왜 물건이 갖고 싶은지 생각해야 하고, 왜 그 일을 하고 싶은지 알아야 합니다. 돈이 필요한지 아닌지는 그 다음의 문제지요.

돈은 갖고 싶은 것을 갖게 해 주는 소유(所有)의 수단이기도 하고, 하고 싶은 일을 할 수 있게 해 주는 능력(能力)의 수단이기도 합니다. 하지만 무엇보다 근본적인 돈의 쓰임새는 돈이 소통(疏通)의 수단이라는 점입니다. 이때 소통은 사람과 사람 사이의 소통, 즉 사회적인 소통을 말합니다. 사회가 없으면, 다른 사람이 없으면 돈은 무용지물입니다. 아무리 값비싼 물건을 살 수 있는 큰돈이 있어도 파는 사람이 없으면 아무 소용 없겠죠.

10억 원을 가질 수 있다면 감옥에라도 가겠다는 사람들이 많다고 합니다. 그렇다면 1,000억 원을 줄 테니 그 돈을 가지고 평생 무인도에서 혼자 살라고 한다면, 과연 그렇게 할 사람이 있을까요? 돈에 대해 생각할 때 무엇보다 먼저 생각해야 할 것은 '사람'입니다. 돈 그 자체보다, 또 그 돈으로 살 수 있는 물건이나 서비스보다 '사람'이 중요하다는 것을 잊어서는 안 됩니다.

이 책은 영어 문법이나 수학 공식처럼 여러분의 학습에 직접적인 도움이 되는 책은 아닙니다. 그러니 이 책에서 다루고 있는 돈과 경제에 대한 다양한 이야기를 공부하듯이 외울 필요는 없습니다. 그보다 이 책을 잘 활용하는 방법은 돈과 경제에 대해 깊이 생각해 보는 것입니다. 여러분이 돈과 경제에 대해 다양한 관점에서 생각해 볼 수 있도록 하는 것이 이 책의 목적이거든요. 더 나아가 여러분이 이 책을 읽고 돈과 경제에 숨은 '사람'의 이야기를 찾아내 진지하게 고민하게 된다면 더욱 좋겠네요. 그렇다면 이 책은 여러분의 삶을 더욱 풍성하게 해 줄 수 있는 좋은 영양제가 될 거예요.

2013

박민관

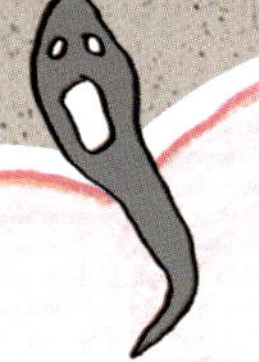

1장

왜 돈이 많은 사람과 돈이 없는 사람이 생길까요?

놀부, 스크루지, 혹부리 영감은 나쁜 사람인가요?

옛날에 흥부와 놀부라는 두 형제가 살았습니다. 부자인 놀부는 욕심이 많고 심보가 고약한 악당이었고, 동생 흥부는 가난했지만, 욕심이 없는 착한 사람이었어요. 심술궂은 놀부는 착한 동생 흥부를 괴롭히고, 가난하다고 무시하곤 했습니다. 반면 흥부는 가난한 살림에도 불구하고 다른 사람을 도왔던 착한 사람이었어요. 어느 날 흥부는 뱀과 싸우다 다친 제비의 다리를 고쳐 주고 박씨를 선물 받았어요. 박씨는 온갖 보물이 가득 담긴 요술 박으로 자라 흥부는 큰 부자가 됩니다. 욕심 많은 놀부는 흥부에게 이런 이야기를 듣고 억지로 제비의 다리를 부러뜨리고 고쳐 주는 척한 후, 금은보화가 가득한 요술 박을 기대하죠. 하지만 박 속에서 나온 것은 흉악한 도깨비들이었습니다. 도깨비들은 놀부의 재산을 다 빼앗고 실컷 두들겨 주고는 사라져 버렸어요. 착한 흥부는 상을 받았고, 욕심 많은 놀부는 벌을 받았다는 누구나 알고 있는 옛날이야기이지요.

『흥부와 놀부』같이 욕심 많은 사람이 벌을 받는 이야기는 전 세계에 많이 퍼져 있습니다. 어릴 때 누구나 한 번쯤 읽어 본 『혹부리 영감』이나 『신데렐라』, 스크루지가 등장하는 『크리스마스 캐럴』도 이와 비슷하게 욕심 많고 심술궂은 부자와 가난하지만 착한 사람이 등장하는 이야기이죠. 그리고 이야기의 결말은 항상 부자는 벌을 받고, 가난하지만 착한 사람은 상을 받으며 끝이 납니다.

그런데 현실에서도 정말 부자는 모두 나쁜 사람이고, 가난한 사람들은 모두 착한가요?

이런 이야기가 많은 이유는 가난한 사람과 돈이 많은 사람의 갈등이 모든 사회가 품고 있는 문제이기 때문입니다. 이러한 갈등은 이야기 속에만 있는 것은 아니에요. 실제로 가난한 사람들과 부자들의 갈등, 즉 빈부 갈등은 매우 오랜 역사를 가지고 있어요.

서양의 빈부 갈등 중에 가장 대표적인 사건은 고대 그리스의 아테네 때 일어났습니다. 아테네는 부자 귀족들과 가난한 서민들 간의 갈등 때문에 큰 혼란을 겪었지요. 오늘날 민주주의(deomocracy)의 어원인 demos(민중, 대중)라는 말

그저 가난이 싫었을 뿐인데…
돈 싫다는 사람이 어디 있나요?
제 돈 제가 벌어서 제 맘대로 쓴다는데…
하긴…

이 만들어진 것도 바로 이때입니다. 당시의 민중은 부자인 귀족과 대립하던 평민을 일컫는 말이에요. 다른 나라와 달리 아테네는 민중의 정치적 힘이 강했기 때문에 민주주의가 시작될 수 있었지요.

마찬가지로 동양에서도 욕심 많은 관리들의 수탈과 학대를 견디지 못한 민중들의 반란이 종종 역사와 이야기에 등장합니다. 고려 후기에 발생한 '망이·망소이의 난'*이나 조선 후기에 일어난 '홍경래의 난'이 대표적이지요.

『홍길동전』이나 『전우치전』에서는 욕심을 부리고 사람들을 괴롭히는 못된 관리들을 혼내 주는 정의로운 영웅이 등장합니다. 『임꺽정』에서는 가난한 천민 출신 임꺽정이 못된 양반과 탐관오리를 징벌하죠.

이 이야기들은 오랜 시간 많은 사람들의 호응을 받아 지금까지 이어지고 있어요. 현실에서 못된 관리나 부자들에게 고통을 받았던 민중들이 이야기를 통해 악당들이 벌을 받는 모습을 보면서 대리만족을 느꼈기 때문에 이 이야기가 오랫동안 사랑받은 게 아닐까요?

왜 놀부는 부자이고, 흥부는 가난한가요?

오늘날 우리는 누구나 열심히 일하면 돈을 모을 수 있는
사회에 살고 있습니다. 흥부와 놀부 이야기의 시대보다 훨
씬 발전되었지요. 적어도 신분에 의해 빈부의 격차가 정해
지진 않으니까요. 하지만 여전히 돈이 많은 사람과 없는 사
람이 존재하고, 또 그것이 사회적 문제인 것은 변함이 없
어요. 그런 점에서는 옛날보다 오늘날이 더 좋은 시대라고
말할 수는 없겠지요.

　오늘날 우리가 살고 있는 대한민국에서 '빈부 격차의 확
대'는 매우 심각한 사회 문제입니다. '부익부 빈익빈'라는 말
을 들어 본 적 있나요? 부유한 사람은 점점 더 부자가 되
어가는 데 반해 가난한 사람은 점점 더 가난해진다는 말이
에요.

　아주 옛날에는 부자와 가난한 사람의 차이는 '근면함' 때
문이라 생각했습니다. 가난한 사람들은 게으르고 돈을 아

낄 줄 모르기 때문이고, 반면에 부자는 성실하고 부지런한 생활 태도로 절약했기 때문에 재산을 모았다고 생각했지요. '시간은 돈이다', '아껴야 잘 산다' 등의 격언, 그리고 『개미와 베짱이』 등의 이야기로 바로 이러한 생각을 알 수 있어요. 땀을 흘리며 열심히 일한 개미는 추운 겨울에도 배고프지 않게 먹을 것을 쌓아 둘 수 있는 부자가 되었고, 노래 부르며 놀기만 한 베짱이는 추운 겨울에 먹을 것이 떨어져 굶어 죽고 말았죠. 이 이야기는 아이들에게 열심히 일해야 한다는 교훈을 전합니다.

하지만 『흥부와 놀부』의 흥부는 가난하지만 게으르지 않아요. 반면 부자인 놀부가 부지런히 일하는 모습은 이야기 속 어디에서도 찾아볼 수 없죠.

그렇다면 왜 흥부는 가난하고 놀부는 부자인가요? 몇몇 이야기에 따르면 맏아들인 놀부가 돌아가신 부모님의 재산을 독차지하고, 동생 흥부에게 나누어 주지 않았기 때문이라고 합니다. 즉, 놀부는 부모님에게 큰 재산을 상속받았기 때문에 부자로 떵떵거리며 사는 것이고, 흥부는 상속을 받지 못했기 때문에 가난하게 사는 거예요. 오늘날 우리나라에도 '재벌 2세'라고 불리는 사람들이 있어요. 부모님에게 많은 재산을 물려받아 큰 부자가 된 사람들을 일컫는

아들아,
넌 아무것도
안해도 된단다
네!
아빠!
뭐냐?
이 엄청난
격차는?
열심히
일하면
뭐 하냐!!

말이지요.

부동산의 가격이 올라 부자가 되는 경우도 있어요. 특히 우리나라에는 부동산으로 재산을 모은 사람들이 많습니다. 부동산은 토지나 건물, 아파트 등을 말하는데 부동산을 처음 샀을 때의 가격보다 팔 때의 가격이 높아지면 많은 재산을 모을 수 있죠.

만약 부모님에게 큰 재산을 물려받은 사람들이 그 돈으로 부동산을 산다면 어떻게 될까요? 돈이 많은 사람들이 더욱 큰 부자가 되겠죠. 열심히 일만 해서는 절대 그들만큼 재산을 모을 수 없을 거예요. 그래서 부자는 더욱 부자가 되고, 가난한 사람은 더욱 가난해진다는 부익부 빈익빈이라는 말이 생긴 것입니다. 물려받은 재산으로 부자가 되고, 열심히 노력해도 쉽게 돈을 모을 수 없는 사회를 공정한 사회라고 할 수 있을까요?

그래서 정부에서는 부동산의 가격이 올랐을 때, 상속을 받거나 복권의 당첨이 되었을 경우 등 노동이 아닌 방법으로 소득이 생겼을 때는 높은 세율을 적용합니다. 부모님을 잘 만나거나 운이 좋아서 부자가 되는 것이 아닌 열심히 일한 사람들이 재산을 모을 수 있는 공정한 사회를 만들기 위한 정책인 것이죠.

부자는 가난한 사람의 것을 빼앗나요?

부자와 빈자는 동전의 양면과도 같은 관계입니다. 가난한 사람이 있어야 돈이 많은 사람도 있는 것이죠. 어떤 사람들은 이 둘의 관계가 착취로 형성되었다고 생각합니다. 부자들은 열심히 일한 사람들의 재산을 빼앗아 부자가 되었다는 것이지요.

과거 신분제가 존재하던 시절에는 권력과 재산은 떼려야 뗄 수 없는 관계였습니다. 권력을 바탕으로 가난한 사람들의 재산을 빼앗아 부자가 된 사람들은 계속 재산을 불릴 수 있었고, 반면 가난한 사람들은 아무리 성실하고 열심히 일을 해도 재산을 빼앗겼기 때문에 가난을 면할 수 없었어요. 노예제도가 대표적인 사례라고 할 수 있어요. 노예들은 열심히 일해도 자신이 먹을 것조차 제대로 얻기 힘들었지만 주인은 힘들게 일하지 않아도 노예들이 생산한 농작물을 팔아 부자가 되었죠.

경제학자 마르크스[*]는 자본주의 시대의 자본가와 노동자의 관계를 뺏고

빼앗기는 관계로 보았어요. 자본가가 노동자들을 착취하여 부자가 된다고 생각한 것이지요.

마르크스가 살았던 19세기 노동자들의 상황은 오늘날은 생각하기도 힘들 정도로 열악했어요. 8살밖에 되지 않은 어린 아이들이 광산이나 공장에서 하루에 14시간에서 16시간씩 일을 하기도 했다는군요. 아이들은 광산의 작은 굴에서 석탄을 캤습니다. 광산이나 공장의 사장은 다루기 쉽고 돈을 적게 줘도 된다는 점 때문에 어린이 노동자를 선호했습니다. 이렇게 혹사당한 어린이들은 가혹한 환경 때문에 노인처럼 주름진 얼굴이 되기도 하고, 고된 노동을 견디지 못하고 스스로 목숨을 끊기도 했다고 해요. 노동하는 아이들은 병이 들거나 다쳐도 치료 받지 못하고, 일을 할 수 없으면 쫓겨나는 노예만도 못한 대우를 받았어요.

이런 끔찍한 이야기는 비단 19세기 유럽에서만 일어났던 것은 아니에요. 세계사에는 이와 같이 다른 사람들의 것을 힘으로 빼앗는 장면이 많이 등장합니다. 심지어 21세기를 살고 있는 현재에도 지구촌 어딘가에 노예처럼 일하는 아이들이 존재한다고 합니다.

어르신은
언제부터
여기서 일하셨어요?
응? 어르신이라니?
나 아직 미성년이야

힘 없는 민중은 항상 당하기만 할까요?

그렇다면 돈 없고, 힘 없는 민중은 항상 이렇게 돈과 권력
이 많은 사람들에게 당하고만 살았을까요? 고통 받던 민중
들이 반란을 일으킨 사건 역시 역사에 자주 등장합니다.

"빵이 없으면 과자를 먹으면 되지?"라는 말을 들어 본
적 있나요? 프랑스 혁명 당시, 계속되는 경제적 어려움과
가난에 먹을 것을 제대로 구하지 못한 국민들이 폭동을
일으켰다는 소식을 듣고 프랑스 왕비 마리 앙투아네트가
했다고 전해지는 말입니다. 주식인 빵을 살 돈도 없이 가
난에 지친 사람들에게 빵보다 훨씬 더 비싼 과자를 먹으라
고 말한 왕비의 철없는 행동은 많은 사람들을 분노케 했
습니다. 게다가 왕비를 비롯한 왕실 사람들은 여전히 사치
스러운 생활을 하며 국가의 돈을 낭비했기 때문에 민중의
분노는 쉽게 가라앉지 않았지요. 결국 프랑스의 왕 루이
16세와 왕비 마리 앙투아네트는 단두대에서 사형을 당하
게 됩니다.

오랫동안 유럽에서 프랑스는 영국보다 훨씬 더 부유하고
강력한 국가였습니다. 농사가 잘 되는 비옥한 땅을 가진
프랑스는 풍부한 농작물을 바탕으로 적극적인 수출 정책

을 펼칠 수 있어서 상인들이 부를 축적할 수 있었지요. 하지만 당시 프랑스 사회는 신분제 사회였습니다. 왕과 귀족, 그리고 성직자들이 대다수의 국민들보다 훨씬 강력한 권력을 가지고 있었고, 부유했습니다. 전 국민의 10%도 되지 않는 그들이 국가 재산의 80% 이상을 가지고 있었고, 그들은 자신들의 재산을 국민들과 나누지 않고 더 많은 것을 빼앗아 축적하려고 했습니다.

또한 귀족과 성직자들은 자신들의 재산을 낭비하고 있었습니다. 많은 돈을 들여 사치스러운 저택을 짓고, 호화로운 파티를 열었습니다. 화려한 보석을 사들여 과시하고, 값비싼 요리를 차린 파티를 하느라 많은 돈을 쓰면서도 국민들의 고통에 대해서는 모른 체했습니다. 자신들의 권력과 부가 영원할 것이라고 생각했고, 가난하고 힘 없는 민중들이 자신들에게 저항하리라는 생각은 전혀 하지 못했죠.

프랑스의 상황을 더 악화시킨 것은 끊임없는 전쟁이었습니다. 프랑스의 국왕 루이 16세는 영국과 경쟁하는 마음으로 사사건건 영국의 행동을 훼방 놓으려 했습니다. 미국에서 영국에 대항해 독립전쟁이 일어나자, 루이 16세는 영국에 대한 경쟁심 때문에 영국과 싸우는 미국을 지원했습니다. 하지만 전쟁이 길어지자 필요한 비용이 점점 늘어만 갔

빵이 없으면 과자를 먹으면 되지않아?
융통성이 없냐 그래…

80%
우리는?
자기네들은 안내도 돼!

거참, 되게 거슬린단 말이지!
흥!
영국
루이16

전쟁을 …잉? 돈이 이것뿐이야?
어이! 돈 좀 더 걷어봐!!

앙? 뭘 달라고?
죽겠다!
세금 같은 거 있잖아. 얼레? 화났어? 뭘 그런 거 가지고 그래…
이렇게는 못살아!
벼룩의 간을 떼어가라!
어음 빼고!

습니다. 왕은 늘어가는 전쟁 비용을 많은 재산을 가진 성직자나 귀족이 아닌 가난한 국민들에게 세금을 걷어 충당하려 했습니다.

결국 프랑스 국민들은 당시 왕과 귀족들에게 저항한 사람들이 갇혀 있는 바스티유 감옥을 습격하는 것을 시작으로 혁명을 일으켰습니다. 프랑스 민중은 인간은 모두 자유롭고 평등한 권리를 가지고 태어난다는 내용을 담은 인권 선언을 발표하고, 혁명에 반대하는 나라와 전쟁을 벌여가며 프랑스 혁명을 성공시켰어요. 그 결과 귀족과 성직자의 특권은 폐지되고, 왕과 왕비는 처형되었죠. 왕이 없어진 프랑스는 투표로 뽑힌 대표자가 나라를 다스리는 공화국이 되었습니다.

마리 앙투아네트가 단두대에서 처형되는 장면을 그린 그림, 작자 미상

부자와 가난한 사람이 함께 잘 살 순 없을까요?

누가 부자가 되고, 누가 가난해지는지는 간단한 문제가 아닙니다. 어떤 사람은 부자인 부모님에게 큰 재산을 받아 부자가 되기도 하고, 어떤 사람들은 다른 사람의 것을 빼앗거나 훔쳐서 부자가 되기도 하지요. 그리고 어떤 부자들은 누구보다 열심히 일하는 사람이기도 하고, 또 좋은 아이디어로 다른 사람들이 원하는 물건을 만들거나 팔아 부자가 되기도 하지요.

백 명의 부자가 있다면, 그들이 부자인 이유도 백 가지가 넘을 거예요. 가난한 사람이 가난한 이유도 마찬가지입니다. 백 명의 가난한 사람이 있다면, 그들이 가난한 이유도 백 가지가 넘는다는 말이지요.

중요한 것은 부자와 가난한 사람들이 각각 따로 사는 게 아니라 같은 사회에서 함께 살아가는 사람들이라는 점입니다. 이렇게 함께 살아가는 사람들이 항상 갈등하고 싸우는 사이여서는 안 되겠지요. 많은 이야기와 역사에서 보았듯이 부자와 가난한 사람 사이에는 항상 갈등과 다툼이 있어 왔습니다. 왜 이러한 갈등이 생기는지는 단순히 정의할 수 없습니다. 중요한 것은 어떻게 해야 이러한 갈등이 없는 사회를 만들 수 있을 것인가입니다.

돈을 많이 벌어서 부자가 되는 건 결코 나쁜 일이 아닙니다. 공정한 방법으로 돈을 벌고, 많은 재산을 모은 후에 사회에 공헌하면 존경받을 수 있습니다. 마찬가지로 돈이 없다는 것 역시 부끄러운 일이 아니죠. 누구든 열심히 일하고 노력하면 부자가 될 수 있다는 희망이 있는 사회가 바로 정의롭고 올바른 사회라고 할 수 있습니다.

앞으로 살펴볼 내용은 바로 이런 사회에 대한 것입니다. 어떻게 하면 돈이 많고 적음이 갈등의 씨앗이 되지 않는, 자유롭고 정의로운 경제가 바탕이 되는 사회를 만들 수 있을까요? 지금부터 함께 생각해 봅시다.

중국의 위진남북조 시대에 왕개와 석숭이라는 아주 유명한 부자가 있었어요. 이 둘은 서로의 부를 과시하며 경쟁하는 사이였지요. 어느 날 왕개가 값비싼 엿으로 솥을 씻는다는 말을 들은 석숭은 더 비싼 양초로 밥을 짓는 것으로 자신의 재산을 과시했지요. 당시 부자들은 소풍을 가서 놀 때 다른 사람들이 들여다보지 못하도록 가리는 장막을 쳤는데, 어느 날은 왕개가 보라색 비단으로 길이 40리(약 17km)가 되는 장막을 만들어 세상을 깜짝 놀라게 했습니다. 그러자 석숭은 더 긴 50리(약 21km)나 되는 비단 장막으로 만들어 자랑했다고 합니다. 비단은 옷을 만들 때 쓰는 아주 비싸고 귀한 천이었는데, 이런 비단을 많이 가지고 있다는 것을 자랑한 것이라고 할 수 있지요.

이들과 같은 시대의 부자였던 왕제라는 사람은 황제 사마염이 지신의 집을 방문했을 때 그를 대접하기 위해 비싼 유리로 만든 그릇을 사용했어요. 게다가 비싼 비단 옷을 입은 시녀 백여 명이 황제의 시중을 들었죠. 왕제가 대접한 삶은 돼지고기의 맛이 독특하고 빛깔이 아주 진해 이를 이상하게 생각한 황제가 그 까닭을 물으니, 왕제가 사람 젖을 먹인 돼지고기라고 대답했답니다. 돼지의 사료로 쓰기 위해 많은 돈을 들여 사람의 젖을

놀고들
있다!

헤헹~
내 비단이
더 길저롱~

죽이지?
40리나
된다~♪

구했다는 점을 자랑한 것이지요.

이렇게 사치 경쟁을 하려면 무엇보다 막대한 돈이 필요했을 거예요. 이들은 대체 어떻게 그 많은 돈을 벌었을까요?

왕개는 황제의 외삼촌이었고, 왕제는 황제의 사위였어요. 황제의 친인척이라는 지위를 이용하여 뇌물을 받고, 다른 사람들에게서 빼앗은 재물이었지요. 그리고 석숭은 지방의 관리로 재직하고 있을 때, 군대를 동원해 멀리서 장사하러 오는 상인들에게 강제로 재물을 빼앗아 부자가 되었다고 합니다.

이들은 이렇게 부정한 방법으로 모은 재산으로 큰 부자가 되었지만, 나중에는 모두 황제의 노여움을 사서 사형을 당하게 되지요.

2장

왜
부자가 되고 싶어
할까요?

돈은 꼭 필요한 것일까요?

여러분은 돈을 왜 벌어야 하는지 생각해 본 적 있나요? 아마도 스스로 이런 질문을 던져 본 사람은 거의 없을 거예요. 돈을 버는 것을 너무나 당연하게 생각하기 때문입니다. 누구나 돈이 많은 부자를 부러워하고, 대부분의 사람들이 돈이 많으면 행복할 것이라고 생각하기 때문에 '왜 돈을 벌어야 할까?'라는 질문을 할 필요가 없다고 생각하고 있는 걸지도 모르지요. 마치 배가 고플 때 밥을 먹는 게 당연하기 때문에 '왜 밥을 먹어야 할까?'라는 질문을 하지 않는 것처럼 말이죠.

하지만 '돈'은 '밥'이 아니에요. 세상에 '밥'을 먹지 않고 살 수 있는 사람은 없습니다. 여기서 '밥'이란 우리의 생명을 유지하기 위해 꼭 필요한 음식을 말합니다. 하지만 '돈'은 이 부분에서 '밥'과 좀 달라요. 돈이 살기 위해 꼭 필요한 게 아니었던 시절도 있었거든요. 옛날에는 '돈'이라는 것이 거의 쓸모가 없었어요. 그때 사람들은 돈을 벌기 위해서가 아니라, 자기와 가족들이 먹을 음식을 구하기 위해 사냥을 하거나 농사를 지었습니다. 사람들이 입는 옷도 지금처럼 백화점이나 시장에서 살 수 있는 것이 아니었습니다. 대부분의 가정에서는 어머니가 가족을 위해 손으로 옷감을 짜고, 바느질을 해서 직접 옷을 만들어 입었지요. 장사를 하는 사람도 많지 않았고, 백화점이나 마트도 없던 옛날에 돈은 아마 쓸모가 많지 않았을 거예요. 그래서인지 옛날의 돈은 지금의 돈보다 훨씬 가지고 다니기 불편했어요. 심지어 사람이 들고 다닐 수 없는 커다란 돌로 된 돈도 있었다고 합니다.

이처럼 돈이 있음에도 불구하고 쓸모가 없는 상황을 『로빈슨 크루소』라는 소설에서도 볼 수 있죠. 영국 작가 다니엘 디포가 쓴 『로빈슨 크루소』는 로빈슨 크루소라는 사람이 무인도에서 살아 나가며 겪은 이야기를 담은 책입니다. 로빈슨 크루소는 배가 폭풍우에 휩쓸려 난파되는 바람에 사람이 전혀 없는 무인도에서 혼자 살게 되었지요. 그는 살아남기 위해 다 부서진 배의 잔해에서 필요한 물건을 찾다가 많은 금화를 발견했습니다. 그런데 금화를 발견하고

얍(yap) 섬의 스톤머니(돌 돈)

얍 섬의 돌 돈은 음식이나 옷을 살 때 쓸 수 있는 돈이 아니라, 큰 돌 돈을 만들 수 있고, 운반할 수 있는 능력이 있다는 것을 다른 사람에게 과시하기 위해 사용되었다. 얍 섬의 최고 부자는 이렇게 커다란 돈을 배로 운반하다가 몽땅 물에 빠뜨렸지만, 사람들은 아직도 그가 최고의 부자라고 생각한다. 실제 돈을 가지고 있지 않더라도 그런 큰 돈을 만들 수 있는 능력이 있기 때문에 부자라고 여기는 것이다.

도 기뻐할 수 없었어요. 무인도가 아니라 그가 살던 영국 같은 곳이었다면 정말 기뻤겠지요. 그리고 그 금화를 다른 물건보다 훨씬 소중하게 여겼을 겁니다. 하지만 그는 지금 무인도에 있습니다. 그곳에서는 금화가 아무리 많아도 금화를 주고 원하는 물건을 살 수 없었습니다. 물건을 파는 사람도 없으니 돈으로 살 수 없는 물건도 없고, 돈을 받고 일을 해 주는 사람도 없는 세상이었죠. 무인도에서 금화는 가장 쓸모가 없는 물건이었지요. 그래서 그는 그 금화를 가지지 않기로 합니다.

누구든 로빈슨 크루소처럼 아무도 없는 무인도에서 혼

자 살아가야 한다면, 많은 돈이 있다 해도 아무런 쓸모가 없을 겁니다. 돈이 가치가 있는 이유는 그것으로 원하는 것을 할 수 있기 때문이에요. 돈으로 원하는 걸 살 수 있기 때문에 돈을 버는 일이 가치가 있는 것입니다. 자, 그럼 이제 "왜 돈을 벌어야 하죠?"라는 질문에 대해 "돈이 있어야 내가 원하는 것을 살 수 있으니까"라는 답을 할 수 있을 거예요.

돈만 있으면 원하는 것을 모두 가질 수 있을까요?

그런데 궁금한 점이 있어요. 그렇다면 돈이 있으면 내가 원하는 것을 모두 살 수 있을까요?

우선 '원하는 것'에는 어떤 것들이 있는지 생각해 볼까요? 어떤 사람은 맛있는 피자나 케이크, 어떤 사람은 예쁜 옷, 어떤 사람은 멋진 자동차를 원할 수도 있겠죠. 이런 것들은 돈이 있어야만 살 수 있는 것이라고 생각하기 쉽지만 꼭 그렇지만도 않아요.

케이크를 가질 수 있는 방법은 돈을 내고 사는 것 이외에도 많습니다. 생일날 선물로 받을 수도 있고, 착한 일을 해서 상으로 받을 수도 있겠죠. 혹은 집에서 직접 만들 수도 있을 겁니다. 돈을 내고 사는 것은 내가 원하는 것을 얻을 수 있는 방법 중의 하나일 뿐이지 유일한 방법은 아닙니다.

그런데 원하는 것이 케이크나 멋진 옷 같은 것뿐일까요? 어떤 사람은 대화가 잘 통하는 친구, 선생님의 칭찬, 따뜻한 배려와 사랑을 원할 수도 있어요. 친구나 칭찬, 배려와 사랑을 돈으로 살 수 있을까요?

이런 것들은 돈을 주고 살 수 없는 것들입니다. 생각해 보면 오히려 케이크, 옷, 자동차처럼 돈으로 살 수 있는 것들은 내가 '잠깐 동안' 원하는 것일지도 모릅니다. 케이크는 몇 번 먹으면 금방 질릴 테고, 아무리 예쁜 옷과 좋은 차도 싫증이 날 때가 있지요. 하지만 진정한 친구나 사랑, 그리고 행복과 같은 것에 싫증을 낼 사람이 있을까요? 이런 것들이 정말 우리가 '진정으로 원하는 것'이시요. 그리고 진정으로 원하는 것들은 대부분 돈으로 살 수 없습니다.

그런데 진정으로 원하지만 돈으로 살 수 없는 것을 돈으로 얻을 수 있다고 생각하는 경우가 있어요. 그런 생각을 '물질만능주의'라고 하고, 그런 사회를 '물질만능사회'라고 합니다.

이러한 사회에서는 돈이라는 잣대가 모든 것의 가치를 평가하고, 돈만 있으면 사람의 마음마저 사고팔 수 있다고 생각합니다. 물질만능사회에서는 돈이 있는 사람만이 친구도 사귀고, 사랑도 할 수 있습니다. 돈이 없는 사람은 무시당하거나 따돌림당할 뿐이지요. '돈'만이 유일한 판단의 잣대이다 보니, 우정도 사랑도 돈이 많을 때와 적을 때에 따라 쉽게 변하지요. 돈이 많을 때 친하게 지냈던 친구가 돈이 떨어져 가난해지자 매정하게 모른 척하는 것처럼 말입니다.

결국 이런 사회에서는 소수의 부자들만 행복을 누리고, 부자가 아닌 대다수의 사람들은 불행할 거예요. 부자들이 누리는 행복도 영원한 것이 아닙니다. 돈이 떨어지면 행복도 끝날 테니까요.

게다가 물질만능사회에서는 부자들도 지금 자신이 가진 돈을 잃으면 다른 사람들에게 무시당하고 천대받을 것을 알고 있기 때문에 재산을 잃게 될까 항상 불안합니다. 부자들의 집은 마치 요새처럼 높은 담과 철조망에 둘러싸이게 될 것이고, 무장한 경호원들이 지키는 집에서 갇힌 것처럼 살아가야 할지도 모릅니다. 항상 다른 사람이 자신의 재산을 빼앗아 가지 않을까 의심하느라 불안한 마음에 친

누가 들어오면
어쩌지?
성을 더
높이 쌓을걸 그랬어!
두근두근
여보세요?
여기 아무도 없어요?

구도 사귀지 못할 거예요. 이렇게 되면 부자들도 진정으로 행복할 수는 없을 것입니다. 악착같이 재산을 지키느라 점점 더 불행해질 수밖에 없지요. 그래서 이런 물질만능의 사회는 모두가 불행하고, 끔찍한 악몽과 같은 사회입니다.

돈이 행복을 줄 수는 없습니다. 하지만 그렇다고 돈을 벌지 않아야 하는 것은 아닙니다. 돈이 없으면 우리는 필요한 것을 살 수 없습니다. 배가 고파도 밥을 사 먹을 수 없을 것이고, 편하게 쉴 수 있는 집도 얻을 수 없을 것입니다. 친구의 생일 선물을 살 수도 없고, 학교에서 공부할 때 필요한 학용품도 살 수 없습니다. 이러한 것들은 우리가 살아가기 위해 필요한 것들이고 없으면 우리가 불행해질 수밖에 없습니다. 따라서 돈은 꼭 있어야겠지요. 돈은 행복을 위해 꼭 필요한 것은 아니지만, 행복해질 수 있는 중요한 수단 중 하나입니다. 그래서 많은 사람들이 "힘들다!", "어렵다!" 하면서도 돈을 벌기 위해 열심히 일하는 것입니다.

하지만 돈은 자기 자신만을 위해서 쓸 때보다 다른 사람들을 돕기 위해 쓸 때 더 큰 가치가 있습니다.

혹시 『행복한 왕자』라는 이야기를 읽은 적 있나요? 황금과 화려한 보석으로 만들어진 왕자의 동상은 높은 곳에서 불쌍한 사람들의 모습을 내려다보고 슬퍼합니다. 어느 날 왕자는 겨울을 피해 남쪽으로 날아가던 제비에게 불쌍한 사람들을 도와주고 싶다는 부탁을 합니다. 제비는 왕자의 부탁을 거절하지 못하고, 왕자의 몸에 장식된 보석과 황금을 물어다 가난한 이들에게 나누어 주다 결국 따뜻한 남쪽으로 갈 시기를 놓치고 얼어 죽고 맙니다. 장식이 다 벗겨져

볼품이 없게 된 왕자의 동상도 사람들에 의해 전부 부서져 땔감이 되고 말지만, 왕자의 따뜻한 심장은 제비와 함께 하늘나라로 올라가게 된다는 아름다운 이야기입니다.

처음의 질문을 다시 생각해 봅시다. 맛있는 음식을 사기 위해서? 예쁜 옷을 사기 위해서? 좋은 집을 사기 위해서? 돈의 진정한 가치에 대해 생각해 보면 스스로 그 답을 찾을 수 있을 거예요. 그리고 다음에는 "돈이 많으면 정말 좋은 것인가?"라는 질문에도 자연스럽게 대답할 수 있게 될 것입니다.

원하는 것을 갖기 위해 돈을 버는 것일까요?

사람들은 많은 재산을 가진 부자를 부러워합니다. 아마도 부자들은 자신들이 원하는 것을 모두 돈으로 살 수 있다고 생각하기 때문일 것입니다. 돈이 많으면 먹고 싶은 음식을 마음껏 먹을 수 있고, 입고 싶은 옷을 사서 입을 수 있겠지요. 그리고 자신들이 원하는 집과 차를 마음대로 살 수 있을 것입니다. 물론 돈으로 행복이나 우정 등의 귀한 것을 살 수는 없지만, 우리가 필요로 하는 것들을 사는 데는 어려움이 없겠지요. 그렇다면 부자들은 원하는 것을 마음껏 사기 위해 돈을 모았을까요?

하지만 그것이 정답은 아닙니다. "왜 돈을 벌어야 하는가"라는 질문에 유명한 부자들은 우리가 생각하는 답과는 전혀 다른 대답을 하기도 합니다.

세상에는 돈이 많기로 유명한 사람들이 있습니다. 대표적인 사람이 '빌 게이츠'와 '스티브 잡스'지요. 빌 게이츠는 컴퓨터에 꼭 필요한 '윈도우' 프로그램과 휴대전화의 '안드로이드' 운영체제를 만든 미국의 컴퓨터 회사 마이크로소프트의 창업주입니다. 그의 재산은 무려 460억 달러(약 55조 원)에 이른다고 하네요. 그리고 '아이폰'을 만드는 회사 애플의 회장(CEO)이었던 스티브 잡스의 재산은 약 67억 달러(약 8조 원)였다고 하죠. 상상할 수 없을 만큼 부자들입니다. 하지만 이 사람들이 처음부터 이렇게 많은 재산을 가지고 있었던 것은 아닙니다. 그들이 만든 컴퓨터 프로그램과 휴대전화가 전 세계 사람들에게 큰 인기를 끌며 많이 팔렸기 때문에 부자가 된 것이죠.

하지만 이들이 유명한 것은 단지 돈이 많기 때문은 아닙니다. 빌 게이츠는 사람들이 컴퓨터를 편리하게 사용할 수 있도록 윈도우 프로그램을 만들었습니다. 이 프로그램이 없었다면 지금처럼 컴퓨터가 사람들에게 널리 쓰이지 못했을 것입니다. 빌 게이츠가 윈도우 프로그램의 시작인 MS-DOS*라는 프로그램을 세상에 내놓기 이전에 컴퓨터는 매우 복잡한 계산이 필요한 대학의 연구실이나, 군대에서 대포의 포탄을 설계할 때에만 사용하는 아주 특별한 기계였습니다. 컴퓨터를 사용하는 방식도 지금처럼 누구나 조금만 배우면 사용할 수 있었던 것이 아니라, '기계어'를 익히고 특별한 사용법을 몇 년씩 연구한 기술자들만이 사용할 수 있는 매우 복잡한 방식이었죠.

빌 게이츠가 처음 MS-DOS라는 프로그램을 연구할 때 많은 사람들이 반대했습니다. 컴퓨터는 매우 특별한 기계라서 연구원이나 기술자가 아닌 보통 사람들이 컴퓨터를 써야 할 필요가 없다고 생각했기 때문입니다.

하지만 빌 게이츠는 자신의 프로그램을 통해 많은 사람

* MS-DOS 마이크로소프트가 개발한 16비트 PC용 운영체제. 플로피 디스크 장치나 하드 디스크 장치를 가진 컴퓨터에서 이용할 수 있다.

들이 더 쉽게 컴퓨터를 사용할 수 있게 되면 이전에는 생각하지 못했던 다양한 방식으로 활용할 수 있다는 것을 믿었고, 실제로 그렇게 되었습니다. 오늘날 우리는 컴퓨터를 활용하여 문서 작업을 하거나 게임을 할 수 있고 영화를 보기도 합니다. 평범한 사람들도 컴퓨터를 쉽게 사용할 수 있게 해야 한다는 빌 게이츠의 생각이 사람들의 삶을 바꾼 것입니다.

스티브 잡스의 업적도 사람들의 삶을 크게 바꾸어 놓았습니다. 그는 일찍이 최초의 개인용 컴퓨터라고 불리는 '애플컴퓨터'를 만들었고, 마우스를 컴퓨터 입력장치로 처음 적용시켰습니다. 현재는 마우스가 없는 컴퓨터는 상상할 수가 없지요. 그리고 '아이폰'과 '아이패드'와 같은 혁신적인 제품들을 만들었습니다. 그가 만든 스마트폰 덕분에 휴대전화가 단순히 진화만 하던 기계에서 사람들의 삶을 편리하게 만드는 중요한 도구가 되었죠. 최근에는 스마트폰을 통해 음악을 듣거나 영화를 보기도 하고, 게임을 하거나 지도를 찾는 것이 아주 자연스러워졌습니다. 컴퓨터를 이용했던 많은 일들을 이제는 스마트폰으로 대체할 정도로 우리의 삶은 크게 바뀌었습니다. 아마 앞으로 더욱 다양한 방식으로 활용할 수 있을 것입니다.

최초의 개인용 컴퓨터 애플 I

애플 공동창업자인 스티브 잡스와 스티브 워즈니악이 1976년 직접 설계하고 수작업으로 제작한 최초의 개인용 컴퓨터이다. 최초의 컴퓨터는 1947년 대포가 날아가는 방향과 거리 등을 계산하기 위해 만들어진 애니악(ENIAC)으로 17,468개의 진공관으로 이뤄져 교실 하나를 꽉 채울 크기에, 무게는 무려 30톤에 이르는 거대한 기계였다. 하지만 애플 I은, 모양은 조금 다르지만 오늘날 우리가 사용하는 컴퓨터만큼 크기가 작아졌다.

이렇듯 사람들의 삶을 바꾼 생각을 '혁신(Innovation)'이라고 합니다. 빌 게이츠나 스티브 잡스 등의 유명한 부자들은 단지 많은 돈을 벌었기 때문이 아니라 사람들의 삶을 크게 바꾼 혁신적인 생각을 세상을 내놓았기 때문에 유명해진 것이지요. 그들이 단순히 원하는 것을 사기 위해 돈을 벌고자 했다면 큰 부자가 될 수 있었을지언정 존경받을 수는 없었을 것입니다.

혁신은 과학기술과 기계의 발전에서만 비롯되는 것은 아닙니다. 미국의 유명한 자동차 회사인 포드 사의 창업자 헨리 포드는 가내수공업이던 자동차 생산방식을 컨베이어 벨트 시스템으로 바꾼 것으로 유명합니다. 가내수공업 시스템으로는 적은 수량밖에 생산할 수 없었던 자동차를 컨베이어 벨트 시스템으로 바꿔 대량으로 생산하게 되었습니다. 이 방식은 오늘날 거의 모든 공장에서 사용되고 있어요.

컨베이어 벨트 시스템 이전에는 몇몇의 사람들이 자동차 생산의 처음 단계인 원료 선택부터 마지막 생산품까지 전체 공정을 책임져야 했어요. 이렇게 만드는 자동차를 '수제 자동차'*라고

★ **수제 자동차** 오늘날에도 다양한 형태의 수제 자동차가 있다. 전 세계에 다섯 대밖에 없는 80억원의 수제 자동차가 있는가 하면, 우리나라에도 '스피라'라고 하는 수제 스포츠카가 있다. 스피라는 주문 생산방식이기 때문에 주문 후 한 달 이상 기다려야 차를 받을 수 있다고 한다.

내가 갖고 싶은 걸
만들다 보니
사람들도 좋아하더군요.

하는데, 기술자가 바퀴부터 차체와 창문까지를 몇 명의 조수들과 만드는 방식이에요. 이런 방식으로 자동차를 만들면 한 대를 만드는 데 몇 달씩 걸리고, 그렇게 만들어진 수제 자동차는 보통 사람은 꿈도 못 꿀만큼 비싼 가격을 받아야만 했죠. 오늘날에도 이런 수제 자동차를 만드는 사람들이 있습니다. 하지만 수제 자동차는 여전히 가격이 너무 비싸고 생산량이 적기 때문에 쉽게 보기 어려워요.

헨리 포드는 이렇게 느리고 비용이 많이 드는 생산방식으로는 자동차를 원하는 많은 사람들의 요구를 충족시킬 수 없다고 생각했어요. 그래서 그는 적은 비용으로 빠르게 만들어 더 많은 사람들이 자동차를 탈 수 있도록 노력했습니다. 그 결과 등장한 것이 오늘날 많은 공장에서 볼 수 있는 컨베이어 벨트 시스템입니다.

컨베이어 벨트 시스템은 노동자들이 각자 자신의 역할을 나눠서 사동차를 생산하는 분업에 의한 생산방식입니다. 여기서 노동자들은 각자 자신이 맡은 역할만 하면 됩니다. 예를 들어 철판에 나사를 조이는 사람은 수십, 수백 대의 자동차 철판에 나사만 조이면 되는 것이죠. 이러한 분업 시스템에서 노동자들은 이전의 기술자들처럼 자동차에 관한 모든 것을 알지 못해도 충분히 자신이 맡은 역할을 수행할

컨베이어 벨트 시스템으로 자동차를 만드는 모습

수 있었고, 더 많은 사람들이 자동차 공장에서 일하게 되었어요. 그리고 같은 일을 반복하다보니 자신이 맡은 일에 점점 더 익숙해져 작업 속도도 빨라지게 되었고요.

생산방식이 바뀌자 자동차 생산 비용을 줄일 수 있었고, 자동차의 가격이 낮아지자 더 많은 사람들이 자동차를 구매할 수 있게 되었습니다. 또한 포드의 공장뿐만 아니라 여러 공장에서 이러한 방식으로 제품을 생산하게 되니, 더 많은 노동자들에게 일자리가 돌아가게 되었죠. 소득이 생긴 노동자들은 더욱 많은 상품을 구매할 수 있게

분업화된 대량생산 시스템이 필요해
바퀴까지 달았으니 앞으로 한 달만 더 기다리면 완성입니다!
우리가 좀 빨리 만드는 편이죠~♪

되었고 이로써 대량 생산과 대량 소비의 사회가 열리게 된
것입니다.

포드가 생각해 낸 새로운 생산방식이 우리 사회의 생산
과 소비 양식을 크게 바꾸어 놓았습니다. 아이디어 하나로
세상을 바꾼 혁신을 이루고, 사람들의 삶을 크게 변화시킨
것입니다.

돈의 진정한 가치는 무엇일까요?

기술과 아이디어로 세상을 놀라게 할 정도의 재산을 모은
부자들은 그 돈을 다 어디에 쓸까요? 몇몇 부자들은 그들
의 업적, 재산만큼이나 세상을 놀라게 한 기부를 한 것으
로도 유명합니다.

역사상 가장 유명한 사업가 록펠러의 별명은 '미국의 석
유 왕'입니다. 그는 한때 미국 석유의 95%를 소유할 정도
의 어마어마한 부자였는데 현재의 재산 가치로 환산하자
면 빌 게이츠 재산의 3배쯤 된다고 해요. 그는 엄청난 기
부금을 낸 것으로도 유명한데, 그 많은 재산으로 인류의
복지 증진을 목적으로 하는 록펠러재단을 설립해서 역사

에 이름을 남겼습니다. 록펠러재단은 현재에도 세계 최대 규모의 자선 단체이며 세계에서 가장 영향력 있는 NGO 단체로 손꼽히고 있습니다.

빌 게이츠는 부인인 멜린다와 함께 2008년 '빌 앤 멜린다 게이츠 재단(Bill & Melinda Gates Foundation)'을 만들었습니다. 전 세계의 굶어 죽어 가는 사람들을 돕기 위해 360억 달러(약 41조원)를 기부하고, 2009년부터는 매년 35억 달러를 기부할 계획을 발표함으로써 세상을 깜짝 놀라게 했죠. 미국의 유명한 부자인 워런 버핏도 이 재단에 370억 달러(약 43조원)를 기부함으로써 부자들이 사회에 기여하는 좋은 사례를 보여 주었습니다.

이들이 가진 돈은 단순히 '자신이 원하는 것을 살 수 있는 것' 이상의 의미가 있었습니다. 그들이 가진 돈으로 음식을 산다면 아마도 수없이 많은 사람들이 평생 음식 걱정을 하지 않아도 되고, 수많은 사람들이 평생 입을 옷을 살 수도 있습니다. 이들이 많은 돈을 기부한 이유는 돈의 더욱 큰 가치를 알기 때문입니다. 바로 다른 사람들을 도움으로써 마음의 행복을 얻을 수 있다는 것이죠.

하지만 신문이나 텔레비전에 나오는 사람들처럼 몇 천만 원, 몇 억 원의 큰돈을 기부해야만 하는 것은 아닙니다. 어린 학생들이 용돈을 모아 기부하는 돈도 몇 천만 원, 몇 억 원의 기부만큼이나 가치가 있습니다. 또한 기부를 하는 데 꼭 돈이 있어야 하는 것도 아니에요. 자원봉사나 재능 기부와 같이 자신이 직접 참여하는 기부활동도 있습니다.

돈은 우리가 필요로 하고 원하는 것을 할 수 있도록 도와주는 도구입니다. 땅속에 묻어두거나 금고 속에 깊숙이 감추어 놓는다면 돈의 가치가 떨어집니다. 따라서 돈을 어떻게 벌 것인가에 못지않게, 가진 돈을 어떻게 쓰는가도 중요한 문제입니다.

앞서 얘기한 록펠러와 빌 게이츠 같은 부자들도 그 많은 돈을 단지 자신이 원하는 것을 사는 데만 썼다면, 그 돈으로 얻은 기쁨과 행복은 훨씬 더 작았을 것입니다. 다른 사람을 돕는 일에 그들이 가진 돈을 씀으로써 그들은 원하는 옷이나 음식을 사는 것보다 훨씬 더 큰 마음의 행복을 얻었을 것입니다.

헨리 포드 역시 "직원이 시간과 정력을 바쳐 일하길 바란다면 돈 걱정 않고 살 만큼 임금을 줘야 합니다. 기업가라면 동종 업계 회사보다 더 많은 임금을 주겠다는 야심을 품어야 합니다. 이익은 분배해야 합니다"라고 말했습니다. 또한 다른 기업들의 견제에도 불구하고 노동시간을

매번 감사합니다.
뭘요. 죽을 때 갖고 죽을 것도 아니고, 나누는 것이 더 가치 있는 일이죠.
기부금
빌 게이츠

헨리 포드(1863~1947)

9시간에서 8시간으로 단축하고, 2.34달러의 하루 최저 임금을 무려 두 배에 이르는 5달러로 올린 일로도 유명합니다. 헨리 포드의 공장에서 이러한 제도가 만들어지자 다른 공장도 노동시간을 줄이고 임금을 올려 줄 수밖에 없었습니다.

돈은 많이 버는 것보다 제대로 버는 것이 중요하다고요?

하지만 부자들이 돈을 버는 과정이 항상 좋은 것은 아닙니다. 스티브 잡스의 '애플 사'는 아이폰의 생산을 중국의 회사에 맡겼습니다. 노동자들의 임금이 비싼 미국에서 제품을 만드는 것보다, 임금이 싼 중국에서 생산을 하면 훨씬 더 많은 돈을 벌 수 있기 때문이었습니다. 중국의 생산 회사도 애플의 생산 요청으로 많은 이익을 얻을 수 있었습니다. 이러한 과정을 '하청' 혹은 '하도급'이라고 합니다. 큰 회사에서 자신들이 하는 일의 일부분을 작은 회사에 돈을 주고 맡기는 일이지요. 아이폰을 만드는 공장이 다른 회사보다 더 많은 월급을 주는 좋은 직장이라고 알려지자 중국의 노동자들은 너도나도 이 회사에서 일하고 싶어 했습니다.

하지만 최근 2년간 이 회사에서 13명의 노동자들이 스스로 목숨을 버리는 끔찍한 일이 벌어졌습니다. 일하는 것이 너무도 힘들었기 때문입니다. 이 회사에 다니는 동안 그들은 제대로 쉬지도 못한 채 이른 아침부터 늦은 밤까지 일해야 했고, 쉬는 날도 없이 일주일 내내 일해야 하는 경우도 많았다고 합니다. 이렇게 가혹하게 일을 시키는 이유는 오직 더 많은 돈을 벌기 위해서였습니다. 노동자에 대한 복지 규정이 엄격한 미국에서는 이렇게 힘들게 일을 시키는 것이 불가능합니다. 그래서 법이 덜 엄격한 곳을 찾아 공장을 옮기면, 적은 임금으로 더 힘들거나 더 위험한 일을 시킬 수 있기 때문에 많은 기업이 자신들의 공장을 임금이 낮고 법의 규제가 심하지 않은 중국 등의 아시아 지역에 설립하고 있습니다.

앞서 언급한 헨리 포드는 노동자들이 자신들이 만든 자동차를 살 수 있을 만큼 많은 월급을 받을 수 있게 노동

임금을 높였습니다. 하지만 어떤 연구자들에 따르면 그가 임금을 올린 것은 단순히 사람들의 삶을 더 낫게 하기 위해서만은 아니었다고 합니다. 보다 실질적인 목적은 자기가 운영하는 공장의 노동자들이 노동조합을 만드는 것을 싫어했기 때문이라는 것이지요.

노동조합은 노동자들이 스스로 단결하여 일하는 조건을 개선하고 평등한 대우를 받기 위해 만드는 조직입니다. 헨리 포드는 노동자들이 이러한 단체를 통해 평등한 대우와 더 많은 임금을 요구하는 것을 미리 막고 싶어 했다는 것입니다. 그래서 그는 임금을 올려 주면서 노동자들이 노동조합에 가입하지 않도록 설득했습니다.

또한 헨리 포드의 컨베이어 벨트 시스템은 노동자를 단순 작업만 반복하는 기계처럼 만들었습니다. 노동자는 컨베이어 벨트가 돌아가는 속도에 맞춰 기계처럼 모두 같은 속도로 일해야만 했습니다. 빠르게 움직이는 컨베이어 벨트에서 자신의 작업을 놓치지 않기 위해 하루 종일 똑같은 행동을 반복해야 하는 노동자들은 점점 더 수동적이 되어 갔습니다. 이러한 단순 반복 노동은 특별한 기술이 없어도 쉽게 익힐 수 있었기 때문에 자본가들은 조금씩 컨베이어 벨트의 속도를 높이기 시작했고, 속도가 빨라질수록 더욱 힘든 일이 되었습니다. 하지만 일의 속도를 맞추지 못하면 언제든지 다른 사람으로 교체할 수 있었습니다. 결국 노동자들은 자신의 일자리를 놓치지 않기 위해 권리를 잃어 갔습니다.

영화 〈모던 타임즈〉*는 바로 컨베이어 벨트 시스템의 문제점을 고발한 영화입니다. 찰리 채플린이 연기한 이 영화의 주인공은 컨베이어 벨트 위의 제품에 나사못을 조이는 노동자입니다. 주인공은 기계처럼 하루 종일 같은 동작을 끊임없이 반복해야만 했습니다.

영화 〈모던 타임즈〉의 한 장면

더 많은 제품을 생산하기 위한 사장의 명령으로 컨베이어 벨트의 속도가 점점 빨라지자, 허겁지겁 일에 쫓기던 주인공은 큰 톱니바퀴가 돌고 있는 기계 속으로 빨려 들어가기도 하죠. 같은 동작을 반복해야 하는 스트레스로 인해 주인공은 결국 나사못처럼 보이는 것들을 모두 조이는 정신병에 걸리고 말았습니다. 하지만 회사에서는 일에 방해된다는 이유로 다른 사람에게 그가 하는 일을 넘겨 주고 매정하게 쫓아내 버리죠. 이 영화의 사장은 더 많은 돈을 벌기 위해 노동자들이 숨 돌릴 틈도 없이 일해야 할 정도로 컨베이어 벨트의 속도를 높이고, 노동자가 그 역할을 하지

못하면 매정하게 쫓아냅니다.

　돈은 사람을 살릴 수도, 또 죽일 수도 있는 대단한 것임에는 틀림없습니다. 그러니 돈을 벌고, 쓰는 사람은 돈의 역할에 대해 고민해야 합니다. 돈은 우리 삶에 꼭 필요한 것입니다. 하지만 돈이 과연 사람들의 삶보다 더 중요할까요? 여러분도 한 번 생각해 보세요.

메세나(mecenat)라는 말을 들어 본 적 있나요? 메세나는 기업이 문화예술·스포츠 등을 후원하거나, 사회적·인도적 입장에서 공익 사업 등에 자금을 지원하는 활동을 일컫는 말이에요.

이 말은 로마제국의 정치가 마에케나스의 이름에서 유래되었습니다. 마에케나스는 베르길리우스나 호라티우스 등 로마의 문화예술가들에게 지원을 아끼지 않았던 사람입니다.

대표적인 사례는 시인 호라티우스에게 사비나의 별장을 제공하고 그의 생활을 지원해 준 일입니다. 1933년 이 별장의 유적이 발굴되었는데, 그곳에는 24개나 되는 방과 길고 아름다운 회랑, 3개의 목욕탕과 아름다운 정원이 있었고, 심지어 다섯 개의 농장도 함께 딸려 있었다고 합니다.

마에케나스는 호라티우스에게 별장을 지원해 주기 이전에 그가 안정적인 생활을 할 수 있도록 황제의 비서 자리에 추천한 적이 있습니다. 하지만 번잡한 정치보다는 사색과 작품 활동을 하고 싶어 한 호라티우스는 그의 제안을 거절했어요. 충분히 불쾌할 수 있는 사건이었음에도 마에케나스는 호라티우스의 기질을 인정하고 그가 편하게 생활하며 창작활동을 할 수 있도록 큰 별장을 제공한 것입니다. 호라티우스는 그 뒤 로마를 대

전혀! 그가
그저 사색할 수 있고
아름다운 시를 쓸 수 있다면
그걸로 충분하네!!
괘씸하지
않은가요?
과연
마에케나스님!
통이 크셔!

표하는 시인이 되었고, 마에케나스는 문화예술의 후원자로 역사에 이름을 남겼지요.

메세나가 지금의 뜻으로 사용된 것은 1966년 미국 체이스 맨해튼 은행의 회장이었던 데이비드 록펠러가 기업의 사회 공헌 예산의 일부를 문화예술 활동에 할당하자고 건의한 이후부터입니다. 이렇게 미국에서 시작된 메세나 운동은 각국으로 확산되어 유럽, 일본 등에서 다양한 메세나 협의회가 조직되어 각종 문화예술 활동을 지원해 왔습니다. 우리나라에서는 1994년 기업 메세나 협의회가 창립되었고, 현재 200여 개 주요 기업이 회원사로 참여하고 있답니다.

3장

부자가 되는 특별한 방법이 있을까요?

돈은 왜 생겼을까요?

아주 옛날의 돈은 상품 자체였습니다. 예를 들어 우리가 밥을 지어 먹는 쌀도 한때는 돈의 역할을 했습니다. 어떤 농부가 신발을 사고 싶을 때, 신발 장수가 요구하는 만큼의 쌀을 가지고 가서 신발과 바꾸는 것이죠. 신발 장수는 자기 가족이 먹고 남은 쌀을 어부에게 주고 생선을 가져오기도 했습니다. 이런 식으로 아주 옛날에는 상품 자체가 거래와 지불의 대상이 되었을 것입니다. 이런 경제를 '물물교환 경제'라고 합니다.

이런 물물거래는 매우 불편했습니다. 아주 비싼 물건을 살려면 들기 힘들 정도로 엄청나게 많은 물건을 가지고 가야 했을 테고, 또 가격도 정해져 있지 않아 힘들게 들고 간 물건으로 원하는 물건을 살 수 없을 때가 많았을 테니까요. 이때는 세금도 물건으로 내야 했습니다. 예를 들어 우리나라는 조선 시대까지도 세금으로 쌀을 거두었기 때문에, 조운선이라는 큰 배가 지방에서 서울로 쌀을 운반해야 했지요.

　기원전 16세기 무렵 중국에서는 조개껍데기가 화폐의 역할을 하기도 했습니다. 당시 돈으로 사용된 조개는 구하기 힘든 아주 귀한 조개여서 화폐로서 가치가 있었어요. 하지만 화폐의 사용량이 늘어나자 조개를 지속적으로 공급하기 어려워졌고, 더 이상 화폐로 사용되지 않았습니다.

　'돈'을 떠올리면 가장 먼저 생각나는 지폐도 사용된 지는 아주 오래 되었습니다. 최초의 지폐는 중국 송나라 때 사용된 교자(交子)라는 지폐로 알려져 있습니다. 하지만 이때의 지폐는 지금의 지폐와는 개념이 달랐어요. 그 당시의 지폐는 은행에서 보관하고 있는 금으로 바꾸어 준다는 약속을 종이에 적

▲ '화폐'를 비롯해 돈과 재물에 관련된 한자에는 貝[조개 패]가 들어간다.
▼ 기원전 16세기 무렵 중국에서 사용된 조개 화폐

어 놓은 것이었습니다. 예를 들자면 서울에서 쌀을 거래하고 지폐를 받은 사람이 그것을 가지고 베이징의 은행을 찾아가면, 은행에서 그 지폐에 적혀 있는 금액만큼 금을 주는 것이죠. 물론 당시는 아직 오늘날과 같은 은행이 만들어지기 전이었기 때문에, 지폐를 금으로 바꿔 주는 곳이 은행이라는 이름은 아니었지만요. 서양에서도 대부분의 실제 거래는 금화나 은화로 이루어졌지만, 큰 은행에서는 금을 지불한다는 약속을 적은 약속어음 형태의 지폐를 사용하기도 했습니다.

가장 널리 화폐의 역할을 한 것은 '금'과 '은' 등의 귀금속입니다. 금과 은은 그 자체로 모든 사람들이 가지고 싶어 하는 귀한 보물이었고, 땅 속에서 캐낸다 하더라도 아주 복잡한 과정을 거쳐야 만들 수 있는 물건이었어요. 또 그 자체로 상품이기 때문에 모양에 상관없이, 또 언제 만들어졌는가도 상관없이 가치가 있었습니다. 또 쉽게 부서지지 않는 단단한 광물이기 때문에 보관하기도 아주 편했을 거예요. 금과 은은 아주 오랫동안 화폐로 쓰였지요. 실제로 100여 년 전까지만 해도 금과 은이 화폐의 기본이었어요. 이것을 금본위제*, 은본위제라고 합니다.

이러한 금본위제, 은본위제가 사라진 것은 불과 100여 년도 채 되지 않았어요. 그런 제도가 사라진 가장 큰 이유는 사람들의 거래가 너무 커져 그에 해당하는 금과 은을 충분히 유통시킬 수 없었기 때문입니다. 경제 규모는 매우 빠르게 성장하는데 금과 은은 그만큼 많지 않았기 때문이지요. 그리고 매번 거래를 할 때마다 엄청나게 많은 양의 금과 은을 옮기는 것이 매우 힘들기도 했습니다. 실제로 지방에서 세금으로 거둔 금화와 은화를 수도로 옮기려면 군대의 경호를 받아야 했어요. 로빈후드를 비롯한 중세 유럽을 배경으로 한 이야기에서 금화를 싣고 가는 마차를 습격

포트녹스 요새 국가 간 거래에 필요한 금을 보관해 둔 미국의 요새

하는 장면을 종종 볼 수 있습니다.

오늘날 우리가 사용하는 돈은 금본위제나 은본위제와는 달리 국가가 금액을 정하고 그 가치를 약속해 주는 것입니다. 국가의 약속이 없으면 지폐는 단지 종잇조각에 지나지 않죠. 따라서 국가의 역할이 매우 중요합니다. 금화나 은화는 그것을 만든 나라가 없어진다고 해도 금과 은의 가치가 사라지지 않지만 오늘날 우리가 쓰는 돈은 우리나라가 망하면 아무 쓸모가 없는 종잇조각일 뿐입니다. 종종 경제적으로 어려운 나라에서 지폐를 마구 만들어 낼 때가 있습니다. 하지만 돈의 양이 많아지면 돈의 가치가 떨어지게 됩니다. 심한 경우 빵 한 조각을 사기 위해 가방 가득 지폐를 가지고 가야 하는 경우도 있다고 해요.

이렇듯 국가가 화폐에 대한 신뢰성을 보장해 주기 때문에 한 나라의 화폐의 힘은 그 화폐를 발행하는 국가의 국력에서 나온다고 할 수 있습니다.

오늘날의 화폐는 지폐나 동전 이외에도 무척 다양합니다. 쉽게 볼 수 있는 수표나 신용카드에서 상품권, 사이버 머니, 어음, 마일리지까지 경제가 발달한 만큼이나 새롭고 다양한 화폐가 등장하고 있습니다.

저기 이 빵 하나 싸주세요
시장볼 때 마다 이게 무슨 고생이람!
헥헥~
돈 더 담을 데가 없네. 금으로 받던지 해야지…

독일 바이마르 공화국의 인플레이션

제1차 세계대전 이후 독일 바이마르 공화국은 많은 배상금을 갚기 위해 화폐의 양을 늘렸다. 그 결과 물가가 엄청나게 올랐고 정점에 이르렀을 때는 빵 1킬로그램 값이 4,280억 마르크에 이르는 초인플레이션 사태에 도래했다. 화폐의 가치가 떨어지자 아이들이 돈을 장난감 대신 가지고 놀고, 지폐를 땔감 대신 사용하기도 했다.

어떻게 하면 돈이 내 것이 되나요?

대부분의 어른들은 '돈'을 벌기 위해 열심히 일하고 있습니다. 회사에 다니거나, 장사를 하며 돈을 벌고 있지요. 물론 돈을 버는 방법이 이게 전부는 아닙니다. 가수와 무용수처럼 노래를 부르거나 춤을 추면서 돈을 벌기도 하고, 운동선수나 프로게이머처럼 자기가 잘하는 운동이나 컴퓨터 게임을 해서 돈을 벌기도 합니다. 이렇게 돈을 벌기 위해 무엇인가 일을 하는 것을 '생산 활동'이라고 해요.

세상에는 다양한 생산 활동이 있어요. 농사를 짓고, 바다에서 물고기를 잡거나 해조류를 키우는 것처럼 필요한 것을 자연에서 직접 얻어 내는 것이 있습니다. 그리고 자연에서 채취한 것을 사람이 한 번 더 가공해서 필요한 상품을 만드는 생산 활동도 있어요. 과자나 인형, 옷, 운동화, 자동차 같은 물건을 만들어 내는 제조업이나 건물을 짓는 건설업을 예로 들 수 있지요. 그리고 직접적으로 물건을 생산하는 것이 아니라 생활을 편리하게 도와주는 서비스업도 있습니다. 미용실이나 식당, 버스 회사나 은행에서 일하시는 분들이 바로 서비스업에 종사하고 있는 것입니다.

이렇게 다양한 생산 활동을 하며 돈을 벌고 있는 어른

들이 생각하는 가장 중요한 문제는 '어떻게 하면 더 많은 돈을 벌어 부자가 될 수 있을까?'입니다.

사람들이 부자가 되려면 무엇보다 돈에 대한 '소유권'이라는 것이 보장이 되어야 해요. 소유권이라는 것은 자신의 것을 함부로 빼앗기지 않을 권리입니다. 만약 이러한 권리가 없다면 사람들이 굳이 돈을 벌려고 열심히 노력하지도 않겠죠.

소유권을 존중해야 한다는 생각을 최초로 제시한 사람은 영국의 철학자 존 로크입니다. 그는 어떻게 사람들이 무엇인가를 자신의 것으로 소유하는지, 그리고 그중에서 우리가 존중해야 하는 소유권이 무엇인지를 정했습니다. 오늘날 우리는 대부분 그가 정해 놓은 소유권에 근거해서 '내 것'과 '남의 것'을 구별하고, 존중하고 있습니다.

존 로크에 따르면 처음에는 어떤 것도 소유권이 정해져 있지 않아요. 이를 자연 상태라고 합니다. 예를 들어 주인이 없는 땅에 있는 과일나무를 생각해 볼 수 있습니다. 혹은 무인도에 있는 바나나나무를 생각해 봐도 되지요. 그런 경우 이 나무의 바나나는 누구의 것도 아니에요. 즉, 소유권이 정해져 있지 않은 것입니다.

최초로 소유권이 정해지는 것은 누군가가 그 바나나를

따기 위해 노동을 했을 경우입니다. 또는 땅에 떨어진 바나나를 허리를 숙이고 주웠을 때, 이 바나나의 소유권이 정해지게 되는 것이죠. 로크는 소유권의 가장 기본적인 원리는 '노동'이라고 생각했어요.

하지만 노동만으로 소유권이 생기는 것은 아닙니다. 만약 그렇다면 우리가 소유할 수 있는 것은 별로 없었을 거예요. 로크가 제시한 두 번째 원리는 '이전(移轉–권리 따위를 남에게 넘겨주거나 또는 넘겨받음)'입니다. 누군가가 자신의 것을 다른 사람에게 주었을 때, 그것의 소유권은 그것을 받은 사람에게 있는 것이지요.

즉, 로크의 이론에 따르면 사람들은 스스로 노동을 하거나 누군가에게 넘겨받아 자신의 재산을 가질 수 있게 되는 것입니다.

어떻게 해야 돈을 많이 벌 수 있을까요?

다시 본 질문으로 돌아가 보죠. 과연 돈은 어떻게 벌어야 하나요? 아마도 우리나라의 모든 사람들은 이 질문이 나오면 귀를 쫑긋 세우고 관심을 기울일 거예요. 하지만 대답은 의외로 평범하고 누구나 알고 있는 '근검절약'입니다. 즉, 아껴 쓰고 열심히 일하는 것입니다. 이러한 대답을 분명히 정의한 사람은 독일의 사회학자인 막스 베버라는 사람입니다.

베버 이전에는 '돈을 번다'는 행위의 성질은 정의하기 다소 애매한 문제였습니다. 예전에는 돈을 벌어 부자가 되는 것이 옳지 못하다고 생각했던 것 같기도 해요. 『개미와 베짱이』 우화처럼 열심히 일해 재산을 모으는 것이 좋은 것이라는 생각을 보여 주는 옛날이야기도 있었지만, 앞에서 본 『흥부와 놀부』나 『옹고집전』처럼 돈이 많은 사람을 나쁘게 묘사하는 동화가 더 많기 때문이지요.

그뿐만이 아닙니다. '안빈낙도'라는 말을 들어 본 적이 있나요? 가난한 것을 부끄러워하지 않고 즐기는 정신적인 삶을 표현한 말입니다. 공자님이 가장 아꼈던 제자 안회는 '밥 한 그릇, 물 한 그릇[일단사일표음(一簞食一瓢飮)]'으로 즐

겁게 살았고, 거친 밥을 먹고, 물 마시고, 팔을 베고 자도 행복하게 살았다고 합니다.

여기에서 볼 수 있듯이 옛날에는 돈이 많은 것을 좋아하기보다는 돈이 많은 것을 걱정했고, 오히려 좋아하지 않았다고도 할 수 있습니다. 성경에도 '부자가 천당에 가는 것은 낙타가 바늘구멍을 통과하는 것만큼이나 어렵다'라는 말이 있는 것으로 볼 때 서양에서도 부자를 그렇게 좋게 보지는 않은 것 같네요. 동양과 서양 모두 아주 오랫동안 가난한 사람들이 더 착하게 산다는 생각을 해 왔었죠.

이러한 전통적인 생각이 바뀐 것은 자본주의 사회에 접어들면서부터이고, 이러한 자본주의 사회의 성립을 긍정적으로 평가하기 시작한 것은 막스 베버의 저서 『프로테스탄트와 자본주의 정신』입니다.

베버에 따르면, 자본주의직 정신은 청교도*의 금욕주의 정신에서 시작되었습니다. 금욕주의는 사치와 탐욕을 멀리하고, 아끼고 열심히 일하는 정신을 말합니다. 청교도인들에게 금욕주의란 신에게 부여 받은 사명이기 때문에 꼭 지켜야 하는 것이 었죠. 열심히 일하고 아껴 쓰면 어떻게 될까요? 아주 당연

> ★ **청교도** 16세기 후반, 녕국 국교회에 반항하여 생긴 개신교의 한 교파이다. 모든 쾌락을 죄악시하고 사치와 성직자의 권위를 멀리했으며, 철저한 금욕주의를 주장했다.

하게 돈이 늘어나겠죠. 열심히 일을 하고, 모은 돈을 아끼면 돈은 갈수록 늘어나고 부자가 될 수 있습니다.

하지만 오늘날에는 돈을 버는 방법이 근검절약에만 있는 것은 아닙니다. 예를 들어 많은 돈을 번다고 하는 '연예인'의 경우를 생각해 봅시다. 연예인은 마치 『개미와 베짱이』에서 베짱이처럼 보입니다. 개미처럼 열심히 일하는 보통 사람들에 비해 연예인들은 마치 베짱이처럼 노래를 부르며, 예쁘게 꾸미기만 하는 것 같아 보이는데 많은 돈을 번다고 하니까요. 물론 모든 연예인이 많은 돈을 버는 것은 아니고, 그들도 열심히 노력하겠지만 소위 '스타'라고 하는 연예인들이 버는 돈은 상상을 초월합니다. 이것을 보면 『개미와 베짱이』는 잘못된 것처럼 보이죠. 그러니 열심히 일하고 아끼는 것만이 돈을 버는 유일한 방법은 아닌 것 같습니다. 그렇다면 근검절약 이외에 돈을 버는 방법은 무엇일까요?

유명한 경제학자인 슘페터★에 따르면 자본주의의 발전에 큰 동력이 되고, 개인이나 회사에 큰돈을 벌어다 주는 방법은 바로 '혁신'입니다. 혁신이란 새로운 제품이나 생산방식을 만들어 내는 것입니다.

옛날 옛적에 개미와 베짱이가 살았습니다.

개미는 여름 내내 열심히 성실하게 일했습니다.
끙!

하지만 베짱이는 여름 내내 일은 안 하고 춤추고 노래를 불렀습니다.

어느새 추운 겨울이 왔습니다. 열심히 일한 개미는 따뜻하고 배부르게 겨울을 보낼 수 있었습니다.
후후~

여름 내내 노래하더니 완전 스타 됐네…
베짱이의 라이브실황중계를 보면서…
꺄아아

예를 들어 휴대전화를 만드는 회사를 생각해 보겠습니다. 여러 회사에서 비슷한 제품만을 만들어 시장에 판다면, 소비자들은 가지고 있던 휴대전화를 버리고 새로운 휴대전화를 사진 않을 것입니다. 그래서 회사들은 새로운 제품을 내놓을 때마다 기존의 제품보다 더 좋고, 새로운 것을 만들어 내려고 노력합니다. 가지고 있던 물건보다 더 좋은 것이어야 사람들이 돈을 내고 구입할 테니까요. 이처럼 오늘날 자본주의 사회에서는 기존의 제품보다 더 좋은, 더 새로운 제품을 만들어 내야 소비자들의 구입 욕구를 이끌어 낼 수 있습니다. 그래야 궁극적으로 돈을 많이 벌 수 있겠죠.

"어떻게 돈을 벌어야 하는가"에 대한 질문에는 정답이 없습니다. 어떤 사람들은 아끼고 열심히 일해서 돈을 벌고, 어떤 사람들은 가지고 있는 돈으로 이자를 받아 돈을 벌기도 하고, 또 어떤 사람들은 기존의 것과는 다른 새로운 것을 만들어 세상을 바꾸고 돈을 벌기도 합니다.

그럼 이제 돈을 벌어 부자가 되었으니 '고민 끝, 행복 시작'일까요? 그렇지 않아요. 돈을 버는 데 고민한 만큼, 돈을 쓰는 것도 고민해야 합니다. 다음 장에서는 돈은 어떻게 써야 하는지 알아보도록 하죠.

대동강 물을 판 봉이 김선달

여러분은 대동강 물을 판 봉이 김선달 이야기를 들은 적 있나요? 평양 출신 봉이 김선달은 재능 있는 선비였어요. 하지만 벼슬이 뜻대로 되지 않아 평생을 방랑하며 살았지요. 봉이 김선달의 일화 중 가장 유명한 이야기는 역시 대동강 물을 팔았던 일입니다.

어느 날 김선달은 대동강 나룻가에서 평양 시내에 물을 가져다 파는 물장수들이 마음대로 물을 길어가는 것을 보다 기막힌 생각을 해냈어요. 그는 물장수들에게 술을 사주고 돈을 나누어 주며, 다음부터 물을 길어 갈 때마다 자신이 나누어 준 돈을 다시 돌려달라고 하죠. 물장수들은 이상한 사람이라 생각했지만, 술을 얻어먹고 돈도 공짜로 받았기에 재미있는 일이라 생각하고 그러기로 했지요.

다음 날 물장수들은 물을 길을 때마다 옆에 서 있는 김선달에게 돈을 주었어요. 그에게 받은 돈을 다 써 버리고 돈을 내지 못한 물장수는 김선달에게 야단을 맞기도 했지요. 그런데 그 모습을 본 서울에서 온 상인들은 김선달이 대동강 물의 주인이라고, 대동강 물을 가져가려면 그에게 돈을 내야 하는 것으로 착각을 했어요. 김선달이 노린 것이 바로 이것이었지요.

김선달을 대동강 물의 주인이라고 착각한 서울 상인들은 김선달에게

대동강 물의 소유권을 싸게 사려고 했지만, 경쟁이 붙은 나머지 매우 비

싼 가격에 팔렸습니다. 그래도 서울 상인은 평양의 물장수들에게 더 비싼

값을 받을 수 있을 거라고 생각하며 희희낙락했지요.

　다음 날 서울 상인은 아침 일찍부터 커다란 돈 통을 준비해 대동강 가

에서 물장수들이 돈을 내기를 기다리고 있었는데, 아무도 돈을 내지 않는

것이었어요. 당황한 서울 상인은 불같이 화를 내며 물장수들에게 왜 돈을 내지 않느냐고 따졌지만, 물장수들은 대동강 물의 소유권을 주장하는 서울 상인을 미친 사람 취급하며 아무도 상대해 주지 않았어요. 그제야 서울 상인은 자신이 김선달에게 속았다는 사실을 깨닫고 땅을 치며 후회했지요.

김선달은 서울 사람들에게 차별받는 서북인(평안도, 황해도 사람들)의 억울함을 풀어 주기 위해 이런 익살스러운 일을 벌인 것이었지만 오늘날이었다면 꼼짝없이 사기꾼으로 처벌을 받았을 거예요. 돈을 버는 것은 좋지만 다른 사람들에게 피해를 입혀서는 안 되겠지요.

요즘은 필요한 물을 사는 것이 아주 당연하게 되었습니다. 마트나 편의점에서 병에 담긴 생수를 파는 것을 보며 이상하다고 생각하는 사람은 아무도 없을 거예요. 물을 판매하는 것이 정당한 돈벌이가 된 오늘날의 모습을 보면 김선달은 어떤 생각을 할까요? 김선달이야말로 이전에 없던 돈벌이를 개발한 시대를 앞선 혁신적인 사람은 아니었을까요?

돈은 버는 것보다 쓰는 게 더 중요하다고요?

황금 두뇌를 가진 사나이

옛날에 황금의 뇌를 가진 사나이가 있었습니다. 그는 남들보다 더 무거운 머리 때문에 머리를 여기저기 부딪치며 힘들게 자랐습니다. 그의 부모님은 열여덟 살이 된 그에게 황금으로 된 두뇌의 비밀을 이야기해 주었고, 기쁨에 들뜬 그는 자기의 머리에서 호두알만 한 황금덩어리를 떼어 내 부모님께 드렸습니다. 이후 집을 뛰쳐나간 그는 일은 하지 않고 자신의 두뇌에서 금덩어리를 떼어 내 방탕하고 호화롭게 생활했죠.

자기 머리에서 떼어 낸 황금을 마치 물 쓰듯이 쓰며 생활하던 그는 어느 날 자신의 황금 두뇌에 생긴 손실 때문에 눈이 흐려지고, 말라 가는 자신을 발견하고는 깜짝 놀랐습니다. 곧 방탕한 생활을 멈추고 일자리를 구해 열심히 일했습니다. 하지만 누군가 자신의 황금을 훔쳐 가지는 않을까 의심하고 불안해하며 살았습니다. 불행히도 한 친구가 그의 비밀을 알아채고는 그가 잠든 사이에 그의 머리에서 커다란 황금덩어리를 훔쳐 달아나 버렸습니다. 머리가 아파 잠에서 깨어난 그는 외투 속에 황금덩어리를 숨겨 달아나는 친구를 슬픈 마음으로 멍하니 쳐다볼 수밖에 없었습니다.

그 후 그는 아름다운 여인을 만나 사랑에 빠지게 되었습니다. 여인도 그를 사랑했지만, 그보다는 그가 사주는 예쁜 옷과 구두를 더 좋아했습니다. 그 여인을 너무도 사랑한 그는 여인이 원하는 것은 모두 사주려고 했고, 더욱 비싼 것을 사주기 위해 자신이 가진 유일한 재산인 황금 뇌를 점점 탕진해 갔습니다. 하지만 얼마 뒤 그가 사랑하는 여인이 알 수 없는 이유로 죽어 버렸습니다. 크나 큰 슬픔에 빠진 그는 이미 바닥을 드러내기 시작한 황금 뇌를 팔아 호화로운 장례식을 치러 주고, 훌륭한 무덤을 만들어 주었습니다. 결국 그의 뇌에는 몇 조각의 황금만이 남았습니다. 황금 두뇌를 너무 많이 사용한 그는 사랑하는 여인이 죽었다는 사실조차 잊어버리곤 그녀에게 줄 선물을 사기 위해 황금 두뇌에서 마지막까지 긁어낸 황금가루를 손에 쥔 채 쓰러지고 말지요.

이게 마지막인가?
이거면 친구도
그녀도 돌아오려나?

황금 뇌를 가진 사나이는 자신이 가진 많은 돈으로 사랑과 행복을 살 수 있다고 생각했습니다. 하지만 현실은 그렇지 않았지요. 탐욕스러운 친구는 돈 때문에 소중한 우정을 버리고 그를 배신했으며, 돈으로 얻은 사랑은 가짜였습니다. 결국 자신의 생명인 두뇌를 탕진한 사나이는 불행하게 죽어 갔습니다. 이 사나이는 돈으로 살 수 있는 것과 살 수 없는 것을 제대로 구별하지 못했기 때문에 이런 불행한 죽음을 맞이한 것이겠지요.

사람들이 돈을 벌려고 노력할 때도 마찬가지입니다. 돈을 벌기 위해 온갖 나쁜 짓을 하는 사람들도 있습니다. 다른 사람이 가진 것을 훔치거나 강제로 빼앗는 사람도 있고, 힘이 약한 사람들에게 주어야 할 것을 빼앗아 자신의 이익을 불리는 사람들도 있습니다. 하지만 이렇게 번 돈이 그들을 행복하게 해 줄 수 있을까요? 그들도 황금 두뇌를 가진 사나이처럼 누가 사신의 돈을 훔쳐가지 않을까 의심하고, 더 힘센 사람이 나타나 재산을 빼앗아 갈까 봐 불안해 할 텐데 이렇게 사는 사람이 행복할 수는 없겠지요.

돈이 많으면 행복할까요?

먼 옛날 고대 그리스에 프리기아를 다스리던 미다스(Midas) 왕이 있었습니다. 어느 날 그는 술에 취해 쓰러져 있는 노인을 보았는데, 범상치 않다고 생각했는지 그 노인을 잘 보살펴 주었습니다. 그 노인은 술의 신(神) 디오니소스의 스승 실레노스였고, 디오니소스는 미다스 왕에게 보답하기 위해 원하는 것은 무엇이든 들어주겠다고 약속을 했습니다. 이에 미다스 왕은 자신의 손이 닿는 것은 모두 황금이 되게 해달라는 소원을 말했습니다. 디오니소스는 그의 소원이 걱정되기는 했지만 약속을 했기 때문에 어쩔 수 없이 들어주었습니다.

미다스 왕의 손은 정말로 황금을 만드는 손이 되었습니다. 그의 손에 닿은 나뭇가지가 황금으로 변하자, 미다스 왕은 세상에서 가장 큰 부자가 될 것이라는 생각에 너무나 기뻤습니다. 하지만 그는 곧 자신의 소원이 얼마나 큰 잘못인가를 깨닫게 되었습니다. 배가 고파 빵을 먹으려 하면 빵은 딱딱한 금덩어리가 되었고, 목이 말라 포도주를 마시려고 하면 포도주는 금이 녹은 물이 되어 버렸기 때문입니다. 심지어 그가 가장 사랑하는 딸마저도 그의 손에 닿은

소원대로 부자가 됐군그래!
으아아아아~ 이건 아냐!

순간 생명을 잃고 황금상이 되어 버렸습니다. 이제 그는 자신의 손이 축복이 아니라 저주라는 것을 깨닫게 되었지요.

그래서 미다스 왕은 디오니소스를 찾아가 울며 자신의 이 저주를 원래대로 되돌려달라고 애원했습니다. 디오니소스 신은 강이 시작하는 샘물을 찾아가 자신의 잘못을 뉘우치며 손을 씻으면 저주가 풀릴 것이라고 말해 주었죠. 그의 말대로 미다스 왕이 손을 씻은 뒤에는 그의 손에 닿아도 황금으로 바뀌지 않았고, 황금으로 변했던 딸도 다시 사람으로 돌아왔습니다. 미다스 왕은 크게 뉘우치고 더 이상 부자가 되려고 노력하지 않고 욕심을 버리고 소박하게 살았다고 합니다.

부자가 된다는 것이 반드시 행복을 보장해 주지는 않습니다. 미다스 왕의 경우처럼 때로는 부자가 된다는 것이 저주가 될 수도 있죠. 복권으로 큰돈을 번 사람들 대부분이 행복한 삶을 살기보다는 불행한 삶을 산다고 하고, 심지어는 자살하는 경우도 많다는 조사 결과도 있습니다. 그렇다면 우리는 부자가 되지 않길 바라야 하는 걸까요? 여기 부자가 된 후에 더욱 큰 행복을 찾은 사람의 이야기가 있습니다.

돈보다 더 큰 것을 얻은 김만덕

김만덕은 조선 시대에 크게 이름을 떨친 여성 사업가입니다. 조선 시대는 엄격한 유교 규범이 지배하던 사회였기 때문에, 여성들이 사회에 나가 사업을 하는 일은 거의 불가능했던 시대였어요. 그럼에도 불구하고 김만덕은 당시 여성으로는 드물게 출신지인 제주도뿐만 아니라 전국적으로 알려진 사업가였고, 지위 높은 양반을 비롯한 많은 사람들이 직접 만나 보고 싶어 했던 유명 인사였습니다. 형조판서를 지낸 유학자 이가환이 시를 지어 찬양하고, 당시 영의정이었던 유명한 학자 체제공이 『만덕전』이라는 전기를 쓸 정도로 그녀의 인기가 높았다고 합니다.

가난한 집에 태어난 김만덕은 열두 살에 부모님이 모두 죽어 고아가 되었습니다. 형편이 어려워 기생의 몸종으로 지내다가 제주도에서 가장 유명한 기생이 되었죠. 하지만 그녀는 거기에서 그치지 않고, 객주를 차려 제주 특산물인 귤, 미역, 말총, 양태(갓을 만드는 재료)를 육지의 옷감, 장신구, 화장품과 교환하여 판매하는 상업에 종사해 많은 돈을 벌었습니다.

하지만 그녀가 유명했던 것은 단지 여성 사업가로서 성

제주에 있는 김만덕의 묘비

공한 부자였기 때문이 아 닙니다. 그녀가 유명해진 더 큰 이유는 제주도에 심 각한 흉년이 일어났을 때 자신의 모든 재산을 풀어 굶어 죽을 위기에 빠진 제 주도 민중을 구했기 때문 이에요.

　이 일로 그녀는 임금(정 조)의 칭찬을 받고, 명예직이었지만 '의녀반수'라는 당시 여 성이 오를 수 있는 최고의 벼슬에 오르게 되었습니다. 왕 이 직접 불러 그의 공을 칭찬하기 위해 소원을 물었을 때, 그녀는 주저 없이 '금강산 구경'이라고 대답했습니다. 당시 에는 제주도 여성은 육지에 갈 수 없다는 법이 있었고, 더 군다나 여성의 몸으로 여행을 다니는 것은 생각할 수 없었 던 시대였기 때문에 만덕의 소원은 놀라운 것이었어요. 당 시 여성 역할의 경계를 뛰어넘는 만덕의 기개에 정조는 기 꺼이 그녀의 소원을 들어 주었고, 제주도에서 한양으로, 다 시 금강산으로 가는 길의 모든 관공서에 만덕에게 편의를 제공하도록 지시했지요. 만덕이 가는 길목마다 사람들이

저 사람이
그 김만덕
김만덕이다!
와~
와~
좀 보고배워라
음...
어서와요!

몰려나와 용기 있는 여성 만덕을 칭송했습니다.

만덕의 이야기에서 우리가 얻을 수 있는 교훈은 "크게 버리는 사람만이 크게 얻을 수 있다"라는 것입니다. 만덕은 누구도 쉽게 놓지 못할 큰돈을 버렸습니다. 대신 그녀는 돈으로는 살 수 없는 더 큰 것을 얻었지요. 만덕이 굶어 죽어 가는 사람들을 외면하고 자신의 재산을 지켰다면 큰 부자라는 기록은 남았겠지만, 역사에 남을 위대한 위인이 되지는 못했을 것이고, 임금의 칭찬이나 사람들의 환호를 받지는 못했을 것입니다. 어쩌면 조선 시대에 여성의 몸으로 단지 큰 부자로만 살았다면 다른 사람들의 질시와 미움을 받았을지도 모르겠네요.

진정한 행복은 함께 누리는 데 있어요

법정스님의 「무소유」는 마하트마 간디의 말을 인용하며 시작합니다.

"내가 가진 거라고는 물레와 교도소에서 쓰던 밥그릇과 염소젖 한 깡통, 허름한 담요 여섯 장, 수건 그리고 대단치도 않은 평판 이것뿐이오."

　간디는 스스로의 평판을 대단치도 않다고 했지만 사실 간디는 인도의 독립을 이끈 전 세계인이 존경하는 위인입니다. 이러한 존경은 물론 돈으로 살 수 없습니다. 법정스님도 「무소유」에서 우리에게 가장 나쁜 것은 가진 것을 지키려는 소유욕과 탐욕이라고 했어요. 가진 돈을 잃지 않으려 애쓰는 사람은 불행해질 뿐입니다.

　찰스 디킨스*의 소설 『크리스마스 캐럴』에 등장하는 스크루지를 기억하나요? 스크루지는 모든 사람들이 인정하는 큰 부자입니다. 하지만 그는 행복하지 않았습니다. 누가 자신의 돈을 훔쳐가거나 빼앗아 갈까 항상 불안해하느라 하나뿐인 조카도 의심하면서 불행하게 살았지요. 크리스마스에도 다른 사람들과 함께 선물을 나누며 기쁘게 즐기기는커녕, 아무도 없는 차가운 방에서 쓸쓸히 잠을 자야 했지요. 이렇게 살아야 한다면 큰돈을 가진 부자라는 게 무슨 의미가 있을까요?

　법정스님은 바로 이러한 불안하고 불행한 삶을 비판했습

> ★ 찰스 디킨스(1812~1870) 영국의 소설가이다. 가진 자에 대한 풍자와 인간 생활의 애환을 그려 명성을 얻었으며, 대표적인 작품으로 『크리스마스 캐럴』 『올리버 트위스트』 『두 도시 이야기』 등이 있다.

이게 내가 가진 전부지만
마음은 누구보다 부자입니다

니다. 우리는 필요해서 물건을 갖지만, 때로는 그 물건 때문에 마음을 쓰게 된다는 법정스님의 말처럼 스크루지의 불행을 잘 보여 주는 말은 없을 것입니다.

많이 가질수록 더 많이 가진 것에 얽매여 신경을 쓸 수밖에 없죠. 재산이 아주 많으면 그 큰 재산을 지키는 데만 온 신경을 써야 할 테니, 다른 사람이나 다른 행복이 눈에 보이지 않을 것입니다. 마치 망원경으로 먼 산을 볼 때 옆에 서 있는 다른 사람이 보이지 않는 것처럼 말이죠.

행복은 다른 사람이 있어야 비로소 완성됩니다. 예쁜 옷을 입고 방 안에 갇혀 있으면 예쁜 옷이 무슨 소용이 있나요? 맛있는 음식을 혼자서 배 터지게 먹는 것도 좋겠지만 비싸고 화려한 음식이 아닌 시장에서 파는 김밥 한 줄이라도 친구들과 함께 웃고 떠들며 먹을 때, 혼자 먹는 비싼 음식이 줄 수 없는 행복을 느낄 수 있습니다. 그러니 많은 돈을 쌓아 두고 혼자 만속하는 삶보다 자신이 가진 것을 다른 사람과 나누는 삶이 훨씬 행복한 삶이 될 수 있는 거예요. 기부를 하는 사람들은 바로 이런 행복을 누리는 것입니다.

그런데 기부로 얻을 수 있는 것이 정신적 행복만은 아닙니다. 기부를 하면 물질적으로 도움이 되기도 합니다. 기부를 하면 국가에서 세금을 줄여 주거든요. 국가에서는 기부하는 문화를 장려하기 위해 기부금을 사업 경비로 인정하고 그만큼의 세금을 줄여 줍니다.

예를 들어 수익이 100만원이고 세금이 수익의 10%라고 할 때, 세금은 100만원의 10%가 아닙니다. 100만원에서 사업에 필요한 경비를 뺀 금액의 10%를 세금으로 내는 것이지요. 사업에 들어간 경비가 70만원이라면, 100만원에서 70만원을 뺀 나머지 30만원의 10%가 국가에 내야 할 세금입니다. 이때 기부한 금액이 있으면 이를 필요한 경비로 일부분 인정해 주는 거예요. 10만원을 기부했다면, 세금을 산출할 때 경비는 70만원에 기부금 10만원의 일정 부분을 더한 금액(법정 기부금의 경우 최대 75%)이 되고, 전체 수익에서 이를 뺀 금액에 세금을 매기는 것이지요.

따라서 기부를 많이 하면 그만큼 내야 할 세금이 줄어들겠지요. 특히 천재지변으로 발생한 이재민을 위한 기부금이나, 돈이 없어 공부를 할 수 없는 학생들을 위한 장학금을 기부하면 가장 크게 세금 감면 혜택을 받을 수 있어요. 물론 기부를 하는 첫 번째 목적이 세금을 감면 받기 위한 것이 돼서는 안 되겠죠. 하지만 기부도 하고 세금 감면이라는 실질적인 혜택을 받는다면 기부 문화가 더욱더

확산될 수 있지 않을까요?

　법정스님은 우리의 삶을 소유와 존재로 나눴습니다. 예를 들어 길가의 꽃을 보았을 때, 꽃을 꺾어 버리려는 사람들의 삶은 소유에 매인 삶입니다. 이렇게 꺾인 꽃이 과연 며칠이나 예쁜 모습을 보여 줄 수 있을까요? 아마 하루 이틀이 채 지나기도 전에 시들기 시작할 거예요.

　길가의 꽃을 보았을 때, 예쁜 모습을 보고 즐거워하는 삶은 존재를 느끼는 삶입니다. 길가의 꽃도 며칠에서 몇 주 동안 아름다운 모습을 유지할 수 있을 테고요. 그러면 꽃을 보며 누리는 즐거움도 그만큼 길어지겠죠. 또한 그 꽃이 떨어진 후에는 다음에 꽃을 피울 씨앗을 뿌릴 것입니다. 그 씨앗은 다음 해에 또 우리를 기쁘게 해 줄 꽃을 피울 테니 즐거움은 계속 이어지겠지요.

법정스님이나 간디의 가르침은 돈을 버는 것이 나쁘다고 하는 게 아닙니다. 돈은 매우 중요하고 꼭 있어야 하는 것이지만 돈 때문에 진정한 행복을 잃지 말라는 뜻이지요. 어떤 사람들은 타인의 것을 빼앗아 자신의 것으로 만들어 돈을 모으기도 합니다. 하지만 진정한 행복은 돈 그 자체에 있는 것이 아니라 다른 사람들과 함께 누리는 것이고 그래야만 더 큰 행복이 오래 지속된다는 것을 잊어서는 안 됩니다.

이탈리아의 메디치 가문이나 독일의 로스차일드 가문처럼 경주의 최 부잣집은 오랫동안 부자였던 가문으로 유명해요. 경주 최 부자 가문은 1600년대 초반에서 1900년 중반까지 무려 300년 동안 12대에 걸쳐 큰 부를 누린 가문이에요. 하지만 경주 최 부자 가문이 단지 큰 부자였기 때문에 유명한 것은 아닙니다. 이탈리아의 메디치 가문과 독일의 로스차일드 가문이 문화와 예술을 후원하는 것으로 유명했듯이, 경주 최 부자 가문도 기부로 더욱 유명해졌지요.

최 부자 가문에 내려오는 가훈인 '육훈(六訓)'에서 가장 중요한 가르침은 이웃을 배려하고 도움을 주어야 한다는 것입니다. 그중에 '재산은 1년에 1만석(5천 가마니) 이상을 모으지 말라'는 가르침이 있어요. 지나친 욕심은 화를 부르기 때문에, 1만석 이상의 재산을 모으면 이웃에 나누어 주어야 한다는 지침이죠. 또 '흉년에는 남의 논, 밭을 사지 말라'는 지침도 있었어요. 흉년 때 형편이 어려운 사람들이 싼 값에 내놓은 논밭을 사면 쉽게 돈을 벌 수는 있겠지만, 어쩔 수 없이 싼 값에 파는 사람들의 억울함과 원통함을 생각하라는 인간적인 배려가 담겨 있는 지침입니다.

조선 시대의 많은 부자들이 어려운 형편에 있는 사람들의 절박한 상황을 이용해 돈을 버는 경우가 많았어요. 하지만 최 부자 가문은 이웃의 아픔을 함께 나누려고 노력했습니다.

그 밖에도 '사방 100리 안에 굶어 죽는 사람이 없게 하라'는 지침에 따라 흉년에는 집안의 곡식을 가난한 사람들에게 나누어 주어 보살폈다고 합니다.

그뿐만이 아니에요. 경주 최 부자 가문은 대학을 설립하는 등 교육 사

업에 재산을 기부하고 독립운동에 앞장서는 등 민족의 장래를 생각하는 애국적인 집안이기도 합니다. 경주의 계림대학교와 대구의 청구대학교를 세우는 데 많은 재산을 기부하기도 했고, 가문의 마지막 부자였던 최준(1884~1970)은 영남대학교의 설립에 큰 도움을 주었습니다.

그가 평생 교훈으로 삼고 실천했던 말은 "재물은 분뇨(똥오줌)와 같아서 한곳에 모아 두면 악취가 나 견딜 수 없고 골고루 사방에 흩뿌리면 거름이 되는 법이다"라고 합니다. 지금 이 시대를 사는 우리도 곰곰이 생각해 볼 만한 말입니다.

5장

경제학은
어떻게
변화해 왔을까요?

강대국

'경제'란 무슨 뜻인가요?

돈에 관한 학문인 경제, 혹은 경제학(economics)이란 단어는 서양에서 처음 등장했을 때 가정 관리를 의미하는 말로 사용되었습니다. 기원전 400년 그리스 철학자 크세노폰은 이 말을 집안의 어른인 가장이 해야 할 일을 다루는 책에 사용했습니다. 그 뒤 아리스토텔레스가 『니코마코스 윤리학』에서 정치학의 한 부분으로 경제학이라는 말을 썼어요. 그는 정치학과 경제학이 다른 것이라고 생각하지 않았고, 실제로 정치와 경제는 떼려야 뗄 수 없는 관계이기도 합니다.

그 뒤로도 줄곧 경제학은 오늘날처럼 독립된 하나의 학문이 아니었어요. 고대 그리스에서는 정치경제(political economy)라는 용어가 사용되었는데, 이 말은 폴리스*를 다스리는 학문이라는 뜻이었고, 영국에서 경제학은 도덕철학의 한 분야였습니다. 경제학의 아버지라 불리는 애덤 스미스는 글래스고 대학의 교수였는데, 사실 그는 경제학 교수가 아니라 도덕철학 교수였지요.

경제학은 19세기에 비로소 정치학에서 독립해 하나의 학문 분야가 되었습니다. 이때 경제학이 독자적인 학문으로 독립하게 된 가장 큰 이유는 학문을 연구하는 방법이 이전의 사색적이고 철학적인 방법에서 벗어나, 수학적 분석 방법에 기초한 과학적인 학문으로 변화했기 때문입니다. 오늘날 우리가 경제학이라고 하면 떠올릴 수 있는 수학 도표 등이 등장한 것도 바로 이때부터지요.

오늘날 경제학은 "희소한 자원의 효율적 배분 행위를 다루는 학문"이라고 정의되고 있습니다.

동양에서 경제학은 '세상을 다스리고 백성을 구한다'는 뜻의 경세제민(經世濟民)의 준말입니다. 처음 서양의 학문을 받아들인 일본에서 economics(이코노믹스)를 번

애덤 스미스 (1723~1790)

세상을
다스리고
백성을
구하는 것!
희소한
자원의
효율적인 배분!

역할 때, 동양에 원래부터 있던 경세제민이라는 말과 같은 뜻이라고 생각해, 이를 줄여서 경제학이라는 말을 쓰기 시작한 것이죠.

오늘날 경제학에서 가장 중요한 두 가지 생각은 자본주의와 사회주의입니다. 이 두 가지 생각의 차이는 자유와 평등이라는 중심 이념의 차이에서 비롯된 것이라고 할 수 있어요. 자본주의는 자유를 더 중요한 것으로 생각하는데 반해, 사회주의는 평등을 더 중요한 것이라고 생각하는 것입니다. 자유와 평등 모두 우리가 추구해야 할 중요한 가치이기 때문에 자본주의와 사회주의 모두 우리가 꼭 알아야 하는 것이지요.

물건의 가격은 누가 정하나요?

부자가 될 수 있는 가장 근본적인 방법은 '일'을 하는 것이죠. 열심히 일하면 부자가 될 수 있고, 일을 하지 않으면 가난해지는 것은 모두가 아는 상식입니다. 농사를 짓는다면 밭을 갈고, 씨를 뿌리고, 물을 주어야만 수확을 하고 돈을 벌 수 있죠. 자본주의에서 돈을 벌고 부자가 되는 가장 기본적인 방법은 노동을 하는 것입니다.

그런데 열심히 일을 해도 돈을 벌 수 없는 상황도 있어요. 예를 들어 그 밭의 주인이 다른 사람이면 열심히 일한 만큼의 소득을 올릴 수 없겠죠. 또 열심히 수확한 물건을 누군가 빼앗아 갔을 경우에도 돈을 모을 수 없을 거예요. 그래서 자본주의 사회에서는 '소유권'을 보장해 줍니다. 로크는 소유권을 '노동'과 '이전', '상속'을 통해 얻을 수 있다고 규정했어요. 즉, 열심히 일해서 얻어 내거나 누군가 주었거나 부모가 자식에게 상속했을 때만 그 물건을 소유할 수 있는 권리가 있다는 거예요. 그렇지 않고 힘으로 빼앗거나, 속이거나, 훔친 것이라면 그것을 소유할 정당한 권리가 없는 거죠.

하지만 재산은 농사와 공업처럼 노동을 통해 생산물을 만들어 내는 방식으로만 모을 수 있는 게 아닙니다. 오히려 오늘날에는 만들어진 생산물을 어떻게 파는가, 즉 '상업'이 가장 중요한 부의 원천(돈을 버는 방법)이죠. 내가 가진 물건(재화)을 얼마나 비싸게 팔 수 있는가가 가장 중요한 고민거리가 된 거죠. 하지만 어디서 팔죠? 물건을 비싸게 팔려면 사고자 하는 사람이 많은 곳으로 가야 해요. 그리고 또 물건을 싸게 사려면 파는 사람이 많은 곳으로 가야겠죠. 그

곳은 어디일까요? 바로 '시장'입니다. 시장은 파는 사람과 사는 사람이 모여 있는 곳이에요.

시장에서 물건을 비싸게 팔고, 또 싸게 사려면 '자유'가 필요합니다. 가격을 누군가 임의로 정한다면 내가 팔고 싶은 가격보다 싸게 팔아야 할 수도 있고, 내가 사고 싶은 가격보다 비싸게 살 수도 있습니다. 그래서 이러한 시장에는 파는 사람과 사는 사람 모두가 받아들일 수 있게 가격을 정할 수 있는 자유가 있어야 합니다.

팔려고 하는 사람과 사려고 하는 사람이 적당하게 조화를 이뤘을 때 시장에서는 마치 마술처럼 모두가 원하는 적당한 가격이 정해집니다. 이러한 시장을 '효율적인 시장'이라고 합니다. 애덤 스미스는 그 마술 같은 역할을 하는 것을 '보이지 않는 손(invisible hand)'이라고 표현했습니다. 시장이 각 개인의 자유로운 경쟁에 의해 자동적으로 조화를 이루는 것이죠.

하지만 이러한 시장이 항상 잘 유지되는 것은 아니에요. 팔려는 사람은 자신의 상품을 되도록 비싸게 팔고 싶어 하고, 소비자는 상품을 어떻게든 싸게 사고 싶어 하기 때문입니다. 또한 경쟁이 불완전하거나 정보가 충분하지 않을 때에도 시장이 제대로 역할을 하지 못하는 현상이 일어납니

얼마에 살 건데요?
얼마에 팔 겁니까?
보이지 않는 손?

다. 이것을 '시장 실패'라고 해요. 바로 이때 국가가 개입을 해 시장이 제 역할을 할 수 있도록 돕습니다.

하지만 그렇다고 해서 국가가 시장에 너무 강하게 간섭하면, 사람들은 시장에서 가격을 자유롭게 정할 수 없게 되겠죠. 그래서 자본주의 사회에서는 되도록이면 자유롭게 시장 거래가 이루어질 수 있도록 국가는 개입을 최소화합니다. 그래야만 사람들이 자유롭게 돈을 벌 수 있고, 더 행복해질 수 있다고 생각하는 것이죠.

모두가 공평하게 잘 사는 게 가능할까요?

자유로운 자본주의 체제는 경제 규모를 크게 발전시켰습니다. 하지만 모두가 똑같이 부유해진 것은 아니었죠. 돈이 많은 사람들이 더 많은 돈을 벌게 되는 자본주의 사회의 구조 때문에 돈이 많은 사람과 적은 사람의 격차가 점점 더 크게 벌어졌습니다.

이때 등장한 사상이 '사회주의' 사상이에요. 자본주의가 개인의 역할에 큰 비중을 두었다면 사회주의는 이에 상반되는 의미로 개인이 아닌 사회의 역할을 강조한 이론입니다. 자본주의는 개인의 '자유'를 중요하게 여겼다면 사회주의는 사람들이 격차 없이 '평등'하게 사는 것에 중점을 두었습니다.

개인보다 사회의 역할이 중요하다고 생각하는 사회주의 사상을 바탕으로 새로운 이론이 많이 등장했습니다. 대부분의 이론은 생산 수단을 사회에서 소유하고 관리하자는 내용이었습니다. 국가에서 공평하게 일자리를 제공하고, 그곳에서 남는 이익을 균등하게 나눠가지면 누구나 불만 없이 행복한 사회가 될 것이라는 생각인 것이죠.

이러한 생각을 극단적으로 제시한 사상이 바로 공산주의예요. 공산주의는 재산을 개인이 갖는 것이 아니라 모든 구성원이 재산을 공동으로 소유하자는 제도지요. 얼핏 들으면 그럴싸한 이론 같지만 현실에서는 이론처럼 적용되지 않는다는 것을 이미 역사를 통해 경험했습니다.

극단적이고 과격한 공산주의 사회를 경험한 이후 세계는 자본주의만이 더 많은 사람이 행복하게 살 수 있는 사상이라고 생각하게 되었습니다. 그로 인해 발생하는 문제는 우리 사회가 품어야 할 어쩔 수 없는 문제처럼 여겨지기도 했죠. 하지만 돈이 많고 적은 것으로 서로 갈등하는 것은 어쩔 수 없는 문제가 아닙니다. 그런 사회가 절대로 좋

재산은 공동 소유하도록 한다!!
공산주의
평등
이익은 균등하게!
사회주의

왜 일하지 않는 건가?
아~ 열심히 해봐야 내 소유가 되는 것도 아니고…
뭣이?

응? 가라앉는데?
……
꼬르륵~
자본주의 국가
공산주의 국가

요즘은 사회주의라는 말이 민주주의를 기반으로 더 나은 사회로 가려는 움직임을 말해요!
여기도 문제가 많아서…
자본주의

은 사회도 아니지요. 따라서 모두가 잘 사는 사회를 만들기 위한 노력을 멈춰서는 안 됩니다.

부자라고 더 행복하고 돈이 적다고 덜 행복할까요? 그것보다 다른 사람들과 함께 잘 살 수 있는 사회, 노력하고 열심히 일하면 경제적으로 보다 나은 삶을 살 수 있는 사회라면 단순히 돈이 많고 적음에 따라 행복지수가 결정되지는 않을 것입니다.

오늘날 사회주의와 공산주의라는 말은 확실히 구별되고 있고, 최근에는 사회주의라는 용어가 민주적인 방법으로 보다 나은 사회를 만들어 가려고 노력하는 생각이나 사상을 포함하는 말로 쓰이고 있어요. 좋은 사회란 모두가 똑같은 양의 돈은 갖는 사회가 아니라 누구나 열심히 일하고 노력하면 행복해질 수 있는 사회입니다.

세계화는 누구를 위한 것인가요?

앞서 누구든 잘 살 수 있다는 희망이 있는 사회가 좋은 사회라고 말했어요. 그렇다면 그 '누구'의 범위는 어디까지일까요?

오늘날을 세계화 시대라 하는 것을 한 번쯤은 들어 봤을 거예요. 세계화 시대란 한 마디로 세계의 모든 사람들과 국가들이 실시간으로 서로 영향을 주고받는 시대라고 할 수 있어요.

2011년 태국에 큰 홍수가 무려 석 달이나 지속되는 일이 생겼습니다. 강이 넘쳐 넓은 땅이 물에 잠겼고, 많은 이재민이 발생했죠. 우리와 거리상으로 멀리 떨어진 나라 태국에서 일어난 홍수가 우리와 무슨 상관이 있을까요? 아마 조선 시대였다면 큰 영향을 미치진 않았을 거예요. 하지만 2011년 태국의 홍수는 우리나라에도 큰 피해를 주었습니다.

태국에는 약 2,000군데가 넘는 일본의 컴퓨터 부품 회사가 있었는데 이 공장들도 홍수로 물에 잠기고 말았어요. 부품이 생산되지 못했고, 공장 시설을 복구하는 데에도 많은 시간이 걸렸다고 해요. 그 영향으로 우리나라의 컴퓨터 회사들도 부품을 구하지 못해 큰 피해를 받았지요. 자연스럽게 컴퓨터 가격도 올랐습니다.

이와 같이 오늘날은 지구가 하나의 마을처럼 실시간으로 서로 큰 영향을 미치고 있어요. 그래서 예전에는 나라 안에서 벌어지는 경제적 문제만을 연구했다면 이제는 한 나

라 안의 문제만 연구해서는 해결책이 나오지 않는다는 생각이 큰 지지를 받고 있습니다.

사람들 사이에 부자와 가난한 사람이 있듯이 우리 지구 위의 많은 나라들도 부자와 가난한 나라로 구분할 수 있습니다. 우리나라는 경제적으로 매우 빠르게 성장한 나라입니다. 2012년을 기준으로 한 자료에서 우리나라의 국내총생산(GDP)*은 세계 15위로 높은 순위에 올라 있어요.

사람들 사이에 왜 부자가 있고 가난한 사람이 있을까라는 물음과 마찬가지로 국가 사이에도 왜 이런 빈부 격차가 생기는지 의문을 품을 수 있습니다.

> ★ 국내총생산(GDP) 일 년 동안 국내에서 생산된 모든 재화와 서비스의 합계를 말한다.

*** 2012년 세계 GDP 순위**

순위	국가명	GDP($)
1	미국	15조 6,096억
2	중국	7조 9,917억
3	일본	5조 9,809억
4	독일	3조 4,787억
5	프랑스	2조 7,120억
6	영국	2조 4,526억
7	브라질	2조 4,497억
8	이탈리아	2조 669억
9	러시아	2조 218억
10	캐나다	1조 8,045억
11	인도	1조 7,792억
12	오스트레일리아	1조 5,859억
13	스페인	1조 3,977억
14	멕시코	1조 2,078억
15	**대한민국**	**1조 1,635억**

출처: International Monetary Fund

과거에는 그 차이가 국민들의 성향, 즉 국민성 때문에 생긴다고 해석하기도 했습니다. 선진국의 국민이 부지런하고 똑똑한 데 반해, 가난한 나라들의 국민들은 게으르고 어리석기 때문이라는 설명이죠. 하지만 이러한 설명은 그다지 신뢰를 받지 못합니다. 우선 한 나라의 국민들의 성향을 뭉뚱그려 하나로 표현할 수 없습니다. 게다가 실제로도 가난한 나라의 국민이 게으르고 어리석은 것도 아닙니다.

또 다른 설명은 역사적인 배경을 바탕으로 합니다. 선진국이라고 불리는 나라에서는 조금 이르게 산업이 발달되었는데, 이를 바탕으로 아직 산업화가 진행되지 않은 나라에 침략해 그들이 산업화를 이룰 기회를 빼앗았기 때문이라는 설명입니다. 실제로 대부분의 가난한 나라들은 얼마 전까지 선진국의 식민지였고 독립한 지 얼마 되지 않은 경우가 많습니다. 그 외에도 기후나 자원 등의 자연적인 조건, 정치적인 이유 등 셀 수 없이 다양한 원인이 국가 발전에 차이를 만들겠지요.

한편, 국제 무역 정책이 국가 간 격차를 벌이기도 합니다. 왜 무역 정책이 국가 발전에 영향을 미칠까요? 그러려면 우선 '관세'에 대해 알아야 해요. 외국에서 수입되는 물건에는 '관세'라는 세금이 붙습니다. 관세는 수입을 하는 나라에 세금 수익을 올려 주면서 한편으론 외국 상품의 수익을 억제해 자기 나라의 제품을 보호하는 역할을 합니다. 예를 들어 다른 나라에서 자동차를 훨씬 싸게 만들 수 있는 기술을 갖추고 있다면 우리나라에서 생산되는 자동차보다 싼 가격으로 자동차를 팔 수 있을 거예요. 그러면 우리나라의 자동차 회사들은 차를 팔지 못해 망해 버릴 테고 우리나라에서는 자동차를 만드는 기술이 발전할 수 없겠죠.

따라서 관세를 통해 수입되는 상품의 가격을 조정함으로써 자국의 산업을 보호하는 것입니다. 반대로 우리나라의 상품을 수출할 때 관세가 높으면 다른 나라에서 가격이 경쟁력을 잃게 된다는 문제도 있어요. 그래서 각 나라는 관세를 중심으로 자국의 무역 정책을 세웁니다. 따라서 관세는 한 나라의 무역 정책과 관련된 아주 중요한 문제예요.

그런데 외국과의 거래에 국가의 개입 없이 자유롭게 거래를 해야 한다는 주장도 있어요. 앞서 자본주의와 사회주의, 자유와 평등의 문제에 대해 다뤘던 것과 같은 이치입니다. 국가 간의 거래에 관세를 비롯한 제한을 없애고, 자유로운 경쟁으로 국제 무역을 확대해야 한다는 것이죠. 이를 '자유 무역'이라고 합니다.

자유 무역을 주장하는 사람들은 모든 나라가 공정한 경쟁을 통해 유리한 것을 수출하고 불리한 것은 수입하기 때문에 모든 나라에 이익이 된다고 합니다.

예를 들어 'A'라는 나라에서는 공업 제품의 가격은 싸지만 농산물의 가격이 비싸고, 'B'라는 나라는 농산물이 가격이 싼 대신에 공업 제품이 비싸다고 해 봅시다. A는 B에

$$A \underset{\text{농산물}}{\overset{\text{공업 제품}}{\rightleftarrows}} B$$

공업 제품을 수출하고, 농산물을 수입하는 것이 이익이고, B는 A에 농산물을 수출하고 공업 제품을 수입하는 것이 이익일 거예요. 결과적으로 A와 B의 국민들은 농산물과 공업 제품 모두 싸게 살 수 있는 거죠.

자유 무역은 이러한 점 때문에 모두에게 이익이 될 것이라고 생각돼 큰 지지를 받았지만, 오늘날 선진국과 빈국의 격차를 더욱 크게 한다는 비판을 받고 있습니다. 왜냐하면 각 나라마다 국제 경쟁력이 다르기 때문입니다. 개발도상국은 선진국에 비해 국제 경쟁력이 떨어집니다. 이러한 상황에서 똑같은 조건으로 무역을 한다면 공평하다고 할 수 있을까요? 마치 어린 아이와 어른이 똑같은 조건으로 달리기 경주를 하는 것과 마찬가지로 공평하지 못한 일이라 할 수 있겠죠. 각 나라마다 성장의 속도가 다르고, 발달한 산업의 종류도 다르기 때문에 개발도상국은 자국의 산업이 충분히 성장할 수 있도록 도움을 줘야 합니다. 하지만 자국의 공업이 발달하기도 전에 값싸고 품질이 좋은 제품이

준비하시고~
자~ 공평하게 자유무역이다.
어…어디가
공평하다는 거야?
강대국
개발도상

외국에서 수입된다면 소비자는 당연히 수입된 제품을 선호할 테고 그러면 그 나라의 공업은 영원히 발전할 수 없을 것입니다. 나중에는 외국에서 공업 제품을 비싼 가격에 팔더라도 자국의 공업이 발전하지 못했기 때문에 어쩔 수 없이 비싼 가격으로 공업 제품을 살 수밖에 없는 거죠. 어떤 학자는 이를 발전할 가능성을 차단해 버린다는 의미로 '사다리 걷어차기'라고 비판하기도 했습니다.

경제 원리는 차갑고 냉정한 것인가요?

이와 같은 불리함을 극복하기 위해 오늘날 세계 무역에서는 다양한 해결책들이 제시되고 있는데, 대표적인 것은 '공정무역'입니다. 공정무역은 가난한 나라들의 농산품을 무조건 싸게 사려는 자유 무역의 정책을 비판하고 해결하기 위한 노력입니다.

가난한 나라는 터무니없이 낮은 가격이라도 상품을 팔아야 수익이 생기기 때문에 불합리한 가격을 받아들일 수밖에 없습니다. 시장 경제의 원리에 따라 무조건 싸게만 사들이면 가난한 나라의 농민들이 얻는 이익은 점점 더 적어지겠죠. 하지만 적절한 가격에 상품을 구매하면 가난한 나라의 농민들도 스스로 노동을 통해 생계를 유지할 수 있게 됩니다.

그러면 최종적으로 상품을 사는 우리가 너무 비싼 가격에 물건을 사게 되는 건 아닌지 걱정이 될 수도 있을 거예요. 대다수의 가난한 나라에서 생산된 농산물은 직접 시장에 나오는 것이 아니라 여러 단계의 중간 상인을 거쳐 우리에게 도착합니다. 많은 중간 상인을 거칠수록 가격은 높아집니다. 따라서 처음 농산물을 생산한 농민들은 터무니없이 싼 가격에 물건을 팔았음에도 우리가 살 때는 꽤 비싼 가격이 매겨지는 거예요. 어떤 조사에 따르면 전 세계에서 약 10억 명의 농민들은 하루 종일 일해도 1달러, 약 1,000원 정도밖에 벌지 못한다고 해요. 그래서 공정무역을 주장하는 사람들은 이러한 중긴 단계를 줄여 농민들에게 상품의 적당한 가격을 책정해 주고, 최종 소비자도 적징힌 가격의 물건을 살 수 있도록 하자고 주장합니다.

가까운 지역에서 생산된 먹을거리를 소비하자는 로컬 푸드 운동 역시 세계화 시대의 경제체제에 대한 반성에서 시작되었습니다. 우리가 식탁에서 먹는 음식들은 매우 먼 거리를 이동해 온 것인 경우가 많아요. 칠레 산 포도는 약

20,480㎞, 캘리포니아 산 오렌지는 약 9,604㎞를 운반해
온 것이죠. 먼 거리를 신선하게 운반하려면 농약이나 왁스
등 화학물질을 사용해야 하니 가까운 곳의 농산물보다 건
강에 좋지 않죠. 게다가 먼 곳에 물건을 팔려면 농작물을
소비자에게 파는 중개상들이 많이 필요한데, 이들은 농민
들에게 가급적 싼 가격에 사서 소비자들에게는 비싸게 팔
아 이익을 남기려고 하기 때문에 농민과 소비자 모두가 나
쁜 가격으로 상품을 사고팔게 됩니다. 로컬 푸드 운동은
가까운 곳에서 생산된 농산품을 소비함으로써 먹을거리의
안전을 보장받을 수 있고, 중간 거래상의 개입이 적어지니
농민과 소비자에게 모두 좋은 가격이 책정될 수 있습니다.

그 밖에도 차가운 경제 원리로는 해결되지 않는 문제를
해결하기 위한 대안들이 많이 등장했어요.

그중 하나가 '사회적 기업'입니다. 사회적 기업은 이익을
남기는 것이 최우선인 일반 기업과는 달리 사회적인 목적
도 함께 추구하는 기업을 뜻합니다. 대표적으로 여성이나
장애인, 노인 등 사회 취약계층에게 일자리를 제공하는 회
사를 들 수 있습니다. 사회적 기업은 되도록 회사 운영에
근로자와 지역 주민 등을 참여시켜 보다 민주적으로 운영
하려고 합니다. 또 주주나 회사 주인에게 이익이 돌아가

사회적 기업
더불어 잘살 수 있도록 생각해보자!
따뜻한 경제학
협동조합
잘 할 수만 있다면 이만한게 없지!
공정무역
이제 시작이다!
자본주의의 차가운 경제 원리로는 빈부차는 해결되지 않는다.
농협
아름다운 가게

는 일반 회사와는 다르게 회사가 만들어 낸 이익을 근로자나 지역 주민들을 위해 쓰일 수 있도록 합니다. 우리나라는 2011년부터 한국사회적기업진흥원을 설립하여 이러한 사회적 기업의 활동을 장려하고 있습니다.

또 다른 방안으로 등장한 것이 '협동조합'입니다. 19세기 초 로버트 오웬[★] 등 초기 공상적 사회주의자들의 주장으로 시작된 1세대 협동조합은 산업혁명의 시대, 가난한 노동자들이 생산과 소비를 공동으로 하는 공동체였습니다. 오웬은 미국 인디애나 주 해안에 막대한 땅을 구입해 뉴하모니라는 이름을 붙이고 이러한 공동체를 만들려고 했지만, 실패하고 말았습니다. 하지만 그의 사상은 사라지지 않고 2세대 협동조합으로 발전했어요. 2세대 협동조합은 조합원들이 공동으로 투자해 회사를 설립하고 조합원들에게 저렴한 가격으로 상품을 파는 구조입니다. 이런 형태의 협동조합은 오늘날 우리나라에서도 많이 볼 수 있습니다. 농협이 대표적인 사례이지요. 하지만 이러한 2세대 협동조합은 지나치게 이익을 추구하다보니 일반 회사와 차별이 되지 않는다는 점에서 비판을 받았습니다.

3세대 협동조합은 단지 조합원의 경제적 이익을 위해서가 아니라, 사회복지 측면까지 확대해 일자리를 제공하는 등 범위를 넓히고 있습니다. 유엔은 이러한 협동조합의 공익성을 인정하여 2012년을 '세계 협동조합의 해'로 지정했고, 우리나라에서도 2012년 12월부터 보다 쉽게 협동조합을 설립할 수 있도록 '협동조합 기본법'을 시행하고 있습니다.

오늘날 우리가 사는 사회는 자본주의 사회입니다. 자본주의 사회의 많은 장점에도 불구하고, 지나친 소비주의는 자원의 낭비를 초래하고 소비에 매몰된 사람들이 서로에게 무관심해진다는 큰 문제를 안고 있어요. 오늘날 우리가 매일 쓰는 물건들은 새로 만들려면 자연에서 엄청난 자원을 채취해야 합니다. 또 그렇게 귀한 자원으로 만들어진 물건들도 조금 쓰다보면, 필요가 없어져 금방 쓰레기로 버려지고 말죠. 귀중한 자원을 이렇게 낭비하다가는 미래에 쓸 자원은 남아나지 않을 것입니다.

영국의 빈민 구호단체인 '옥스팜(Oxfarm)', 미국에서 출발한 장애인 구호단체인 '굿윌(goodwill)' 등의 단체는 사람들이 쓰지 않는 물건들을 모아 재활용하여 판매하고 있습니다. 이런 단체들이 단지 자원을 아끼는 활동에서 그치는 것은 아닙니다. 오히려 이 단체의 더욱 중요한 목적은 재활용을 판매한 이익금을 빈민이나 장애인 등 사회적으로 소외되어 도움이 필요한 사람들을 위해 사용하는 것입니다.

이러한 단체들을 모델로 우리나라에도 2002년 '아름다운 가게'가 설립됐어요. '아름다운 가게'는 쓰지 않는 물건들을 기증받아 필요한 사람들에게 싼 값에 판매하고 있습니다. 재활용을 통해 계속해서 새로운 물

건을 만드느라 지나치게 자원을 낭비하는 것을 막을 수 있습니다. 그리고
제품을 판매하여 생긴 이익금은 국내의 어려운 이웃을 위해 사용합니다.
뿐만 아니라 '아름다운 커피' 등 공정무역 생산자들을 지원하는 활동도
하고 있으며, '아름다운 도서관' 등 미래를 더 좋게 만들기 위한 활동 등을

하고 있어요.

'아름다운 가게'는 2002년 서울 종로구 안국동에서 1호점이 문을 연 지 10년 만에 140개가 넘는 가게가 생겼고, 2012년에는 첫 해외 매장으로 LA지점도 생겼답니다. 그리고 아름다운 가게의 파트너로 수익금의 1%를 기부하여 국내외 어려운 이웃들을 돕는 '놀라운 가게'도 100곳이 넘었습니다.

부(富)를 골고루 나눠 가질 수는 없을까요?

복지 정책은 왜 필요할까요?

나라의 경제가 어렵다는 것은 여러 가지 의미를 내포한 굉장히 큰 문제입니다. 우선 나라의 경제를 이끌어 가는 많은 회사들의 운영이 어렵다는 뜻이겠죠. 운영이 어려워진 회사나 가게는 비용을 줄이기 위해 직원의 수를 줄일 테니, 직업을 가지지 못한 사람의 수가 늘어나겠죠. 직업을 잃은 사람들은 돈이 없으니 소비를 줄이게 될 테고, 상품이 팔리지 않으니 회사나 가게의 운영은 더더욱 어려워질 것입니다.

이 때문에 실업률이라는 숫자는 매우 민감한 문제입니다. 신문이나 방송에서도 실업률이 높아져서 문제라는 보도를 자주 들을 수 있을 거예요. 이처럼 경제가 어려운 것, 즉 불황은 많은 사람들이 걱정해야 하는 큰 문제입니다.

하지만 경제가 성장한다고 해도 문제가 사라지는 것은

아닙니다. 경제가 성장한다고 해도 '부'가 고르게 분배되지 않으면 문제가 됩니다. 이를 빈부의 격차가 커진다고 표현하는데 부자들은 점점 더 부자가 되지만, 가난한 사람들은 점점 더 가난해지는 현상을 말합니다. 신문이나 방송에서 종종 빚과 가난 때문에 어려움을 겪는 사람들의 기사를 볼 수 있죠. 반면에 어마어마하게 비싼 가격의 명품 제품이 없어서 못 팔 정도로 인기가 있다는 기사도 동시에 볼 수 있습니다.

대한민국은 자본주의 사회이기 때문에 부자와 가난한 사람이 있을 수는 있어요. 하지만 빈부 격차가 지나치게 심해지면 사회 전체가 불안해질 수 있습니다. 마리 앙투아네트가 단두대에서 처형된 프랑스 혁명 당시에도 가장 큰 문제는 상위 10%의 귀족과 성직자들이 전체 소득의 80%를 차지했던 점이에요. 국가 대부분의 부를 차지한 계층이 가난한 국민들의 상황은 돌보지 않았기 때문에 국민들의 분노가 폭발한 것입니다. 민중의 분노는 사회 체제를 바꾸게 했고 왕과 왕비는 단두대에서 처형당하고 말았죠.

이처럼 빈부 격차가 심해지는 것은 사회 전체의 문제이기 때문에 정부 역시 이를 해결하기 위해 많은 노력을 기울여야 합니다. 공부하고 싶은 사람이 교육을 받을 수 있고, 아프면 치료를 받을 수 있고, 돈이 없어서 굶는 사람이 없어야겠지요. 이런 노력을 복지 정책이라고 합니다. 누구나 사람답고 행복하게 살 권리를 나라에서 보장해 주는 것이지요.

이러한 복지 정책은 꼭 필요한 제도입니다만, 이를 둘러싼 논란이 매우 치열합니다. 누구나 국민의 기본적인 생활을 위해 나라에서 복지 정책을 실시하는 데에는 반대하지 않지만 이러한 복지 정책이 얼마나 필요한지, 또 어디까지 실시해야 하는지에 대해서는 생각이 많이 다르거든요.

복지 정책을 확대하는 것에 반대하는 사람들은 복지 정책에 들어가는 세금을 경제 발전에 쓰는 것이 더 낫다고 합니다. 경제가 발전하면 더 많은 사람들에게 그 혜택이 돌아간다는 주장이지요. 또한 복지 정책을 시행하는 데는 이미 많은 세금이 들어가고 있고, 이를 확대하려면 더 많은 세금을 거둬야 하는데 그것이 오히려 국민과 기업에 부담이 되어 경제가 나빠질 수 있기 때문에 복지 정책을 확대하면 안 된다고 주장하는 것이죠.

반면 복지 정책을 확대해야 한다고 주장하는 사람들은 경제가 성장한다고 해서 사회 전반에 골고루 돈이 분배되는 것은 아니라고 말합니다. 경제 규모가 커지더라도 일부 부자들에게 돈이 집중되어 있으면 경제가 좋아지지 않는다는 것이죠. 예를 들어 천만 원을 한 명이 가지고 있으면 상품은 하나만 팔리지만 천만 원을 10명이 100만원씩 나눠 가지면 10명이 소비하게 되고 경제가 더욱 발전할 수 있다는 것이죠. 세금도 마찬가지입니다. 모든 사람들에게 보편적인 세금을 많이 거두는 것이 아니라 재산의 규모에 따라 차등적으로 세금을 매기기 때문에 복지에 들어가는 세금이 보편적인 부담이 되지 않는다는 거예요.

대표적인 복지국가인 핀란드나 덴마크에서는 부유층들이 정말 많은 세금을 냅니다. 하지만 그들의 불만이 크지 않다고 해요. 부자는 물론이고 국민 대다수가 정부에서 세금을 공정하게 사용한다는 믿음이 있기 때문이지요. 대부분의 국민이 세금을 많이 내더라도 그 이상의 혜택을 받는다고 생각한다고 합니다. 즉, 국가에서 투명하고 합리적으로 정책을 추진한다는 믿음이 있으면 훌륭한 복지 정책이 자리 잡을 수 있는 거예요.

더 이상 가난은 개인의 문제가 아니라는 의견이 많습니다. 일을 하려고 해도 일자리가 부족하고, 열심히 일을 해도 빚이 늘어나는 사회 문제가 지속되고 있습니다. 열심히 살면 언젠가 생활이 나아질 것이라는 기대가 없는 사회에

그 예산으로 경제개발을 하는 편이…
복지정책! 말이 좋지! 결국 국민세금이지 않습니까!
아까부터 경제타령! 경제가 성장한다 해도 모두에게 돌아가지 않기 때문에 복지가 필요한겁니다!
투명하고 합리적으로 세금을 내게 해야 합니다!
복지정책축소
복지정책확대
오늘의 토론 주제는 복지입니다. 열기가 뜨겁네요.

서 국민들은 행복해질 수 없습니다. 어떤 게 옳다고 수학 문제의 답처럼 딱 떨어지지는 않지만 더 많은 국민의 행복을 위해 올바른 것이 어떤 것인지는 끊임없이 토론하고 우리나라의 상황에 맞는 복지정책을 펼쳐야 할 것입니다.

왜 일을 하고 싶어도 일할 곳이 없을까요?

사람들은 왜 열심히 일할까요? 돈을 더 많이 벌기 위해서일까요? 물론 좋은 이유가 되기는 하지만 충분한 이유는 아닙니다. 그래서 많은 사상가들은 사람들이 열심히 일하는 이유를 생각해 왔습니다.

서양에서는 성실히 일하는 것이 '신의 뜻'에 맞는 일이라고 생각했습니다. 막스 베버에 따르면 '향락과 태만', 즉 게으름으로 인해 시간을 낭비하는 것은 신에 내한 죄리고 생각했어요. 반대로 열심히 일하는 것은 '신의 뜻을 따르는 것'이고 '신의 영광을 더하는 것'이기 때문에 좋은 일이었습니다. 따라서 이렇게 열심히 일해서 많은 돈을 버는 것, 즉 부자가 되는 것은 자기에게 좋은 일일 뿐만 아니라, 신의 뜻에 맞는 일이라고 생각했다고 합니다. 이러한 생각은 사람들에게 큰 영향을 끼쳐 서양의 많은 나라들이 빠르게 경제 발전을 이루는 데 도움이 되었습니다.

동양에서 열심히 일을 하는 가장 중요한 이유는 '성실'이라는 도덕적 가치 때문이었습니다. 특히 우리나라처럼 유교의 영향이 강한 나라에서는 어릴 때부터 『개미와 베짱이』나 형설지공*의 교훈을 들으며 자랐기 때문에 성실하게 사는 것이 바르게 사는 것이라는 생각이 뿌리 깊게 자리하고 있어요.

성실한 사람은 어떤 일이든 열심히 하려고 하기 때문에, 주어진 일을 더욱 열심히 하려고 노력할 것입니다. 우리나라 사람들은 일을 열심히 하는 것으로 세계적으로 유명합니다. 회사에 다니는 많은 어른들은 퇴근시간이 지난 후에도 야근을 하거나, 쉬는 날에도 회사에 나가 일하는 것을 자연스럽게 생각합니다.

하지만 이렇게 근면하게 일하는 것이 좋기만 한 것은 아닙니다. 우리나라 사람들은 너무 많은 시간 일을 하고 그 때문에 제대로 휴식을 취하지 못하고 있다는 비판을 받고 있습니다. 일 년 동안 일한 시간을 보면, 우리나라 평균 연간 노동 시간이 2,193시간으로 OECD 회원국 전체 평균 노동 시간보다 무려 444시간이 많습니다. 더군다나 경제가 어려울 땐 회사에서 직원의 수를 줄여 비용을 아끼려고 하기 때문에 회사에 남은 사람들이 더 많은 일을 해야 합니다. 많은 시간을 충분한 휴식도 없이 일하다 보니 가족에 소홀할 수밖에 없고, 건강도 나빠지고 있어서 사회적인 문제로 부각되고 있습니다.

19세기 프랑스의 사상가 폴 라파르그*의 시대에 노동자들은 하루 12~13시간의 중노동에 시달렸습니다. 모자 공장에서 일하던 '메리 앤 워클리'라는 노동자는 매일 평균 16시간을 일해야 했고, 성수기에는 30시간을 쉬지 않고 일했다고 하죠. 결국 메리는 스무 살의 나이에 병이 아니라 과로로 죽있습니다. 열심히 일하는 것이 신의 뜻을 받드는 일이고, 마땅히다는 생각을 담은 막스 베버의 사상은 당시 노동자들의 고된 노동을 정당화하는 중요한 이유가 되었지요.

라파르그는 이러한 고된 노동이 사실은 일의 분배가 잘못됐기 때문이라고 생각했습니다. 그의 말에 따르면 고된 노동은 "다른 사람의 일자리를 빼앗고 다른 사람의 입에서 빵을 빼앗는" 잘못된 노동 정책의 결과입니다. 어떤 사람은 일자리가 없어 실업자로 굶어 죽고, 어떤 사람들은 하루 12시간 이상의 고된 노동으로 죽어 가는 모습을 비판한 것이지요.

이러한 모습은 오늘날도 크게 다르지 않습니다. 우리 사회는 일자리 부족의 문제와 과도한 노동의 문제가 모두 존재하고 있습니다. 일자리 분배에 원인을 두었던 라파르그의 생각은 최근에 '일자리 나눔' 운동으로 발전되었습니다. 일자리 나눔의 대표적인 사례는 근로 시간을 줄이는 것입니다. 예를 들어 한 사람이 12시간 동안 해야 할 일을 두 사람이 6시간씩 나눠서 일을 하는 방식인 거죠. 기업의 경영이 어려울 때 기업은 근로자를 해고하는 방법을 선택할 수도 있지만 근로 시간을 줄여서 고통을 분담할 수도 있습니다. 기업에서 근로자를 해고하게 되면 해고된 사람들의 박탈감과 고통은 무척 심각할 것입니다. 게다가 직장을 잃은 뒤 급격하게 소비를 줄이기 때문에 경기회복에도 나쁜 영향이 됩니다.

과도한 노동이나 실업 문제를 해결할 수 있는 대안으로 등장한 일자리 나누기 운동이 물론 일자리 문제의 완전한 해결책이 될 수는 없습니다. 하지만 기업의 경기가 어려울

일자리의
분배가 필요해!
도대체
언제쯤
경기가 풀린다는
거야?
이력서
과도한 업무
끙~

때 직원의 수를 감축하는 것보다 근무 시간을 줄이는 방식이 한 사람이 겪어야 할 과도한 고통을 나누는 방식임에는 틀림없습니다. 경제 문제가 한 개인의 문제가 아닌 이상, 일자리 나눔은 사회 전체에서 고통을 분담하는 방법으로 정책을 실현해야 한다는 것을 보여 주는 좋은 사례가 아닐까요?

자유롭고 정의로운 경제를 위해 무엇을 해야 할까요?

경제학에 가장 큰 영향을 끼친 철학자 중 하나인 마르크스의 사상은 아주 단순한 질문 "왜 세상에는 부자와 가난한 사람들이 있을까"라는 질문에서 출발했습니다. 아주 오랫동안 가난은 게으름 때문이라고 생각했습니다. 하지만 마르크스가 보기에 그들은 게으름과는 거리가 먼, 오히려 매우 열심히 일하는 사람들이었어요. 그럼에도 불구하고 그들이 가난한 것은 무엇인가 잘못되었기 때문인데, 마르크스는 "사회 제도"의 문제라고 생각했습니다. 무제한의 경쟁 사회, 자본주의 경제체제에 의해 가난한 사람들은 열심히 일해도 가난을 벗어나지 못했다고 생각한 것이지요.

예를 들어 한 노동자가 하루에 백만 원짜리 상품을 만든다고 해도, 그 상품을 판매한 돈의 대부분은 그를 고용한 공장의 사장에게 돌아가고 노동자는 매우 적은 월급을 받아야 했지요. 이 월급으로 그는 집세도 내고, 가족이 먹을 것도 사고 자녀들도 키워야 하기 때문에 계속 가난할 수밖에 없었지요. 그래서 그는 돈이나 땅, 공장과 같은 생산수단을 사회가 공동으로 가져야 하며, 이익은 사회 모두가 공평하게 나누어 가져야 한다고 주장했습니다.

하지만 자유주의 경제학자 애덤 스미스는 그렇게 생각하지 않았습니다. 그는 사람은 누구나 자기 자신과 자기 가족을 위해 일할 때 더 열심히 일한다고 생각했지요. 예를 들어 마르크스의 주장처럼 생산수단을 공동으로 소유한다면 몰래 세으름을 피워도 똑같이 이익을 나누어 가질 수 있을 텐데 누가 열심히 일하겠느냐는 거예요.

사람들이 대부분이 착하다고 믿은 마르크스와 달리 애덤 스미스는 사람들이 본래 이기적이라고 생각했기 때문에 이런 이론을 주장했습니다. 하지만 이러한 이기주의는 다른 사람을 해치는 이기주의가 아니라, 남들보다 잘 살고 싶고 더 많은 돈을 벌고 싶은 이기주의라고 했죠. 예를 들

아이들 학원비랑 부모님 병원비, 보험료랑 대출금 내고나면 남는 게 없네.
하~아
이 사람 좀 봐! 파김치가 될때까지 일해도 자기 집 한칸 갖기 힘들다고.
막스
하지만 모든 것이 공동소유가 된다면 저 사람이 저렇게 열심히 일을 하겠어?
스미스
거참, 지하철에서 좀 조용히 합시다.

어 부자가 되고 싶은 농민은 더 열심히 일해 더 많은 농작물을 수확할 것이고, 부자가 되고 싶은 빵집 주인은 더 맛있는 빵을 만들어 더 많이 팔 수 있겠지요. 그리고 이러한 사람들 각각의 이기적인 노력의 결과 사회는 더 발전할 수 있다고도 했어요.

오늘날 우리가 살고 있는 사회는 자본주의를 바탕으로 한 애덤 스미스의 생각을 더 지지하고 있습니다. 실제로 마르크스의 사상을 더 지지했던 대부분의 공산주의 국가가 가난한 나라의 신세를 면하지 못하고 있다는 점을 보면 더욱 그러하지요.

물론 애덤 스미스의 생각이 모두 옳은 것은 아닙니다. 그가 전혀 예측하지 못했던 많은 문제가 발생했거든요. 그 중 가장 심각한 문제는 빈부 격차가 심해지고 있다는 점입니다. 우리 사회도 깊이지고 있는 문제이지요.

마르크스가 200년 전 비참했던 노농자들의 모습을 보며 제기한 물음이 전혀 틀린 것은 아니었어요. 그래서 오늘날 우리는 마르크스의 질문을 생각하며 자유주의와 자본주의의 문제점을 해결하려고 노력하고 있는 중입니다. 자유로운 경제체제 안에서 모두가 함께 행복해질 수 있는 방법을 찾아야 할 거예요.

실업률을 낮추는 일자리 나누기

'나눔'이란 정말 좋은 것이죠. 자신이 가진 돈이나 물건, 재능 등을 가지지 못한 사람들에게 나누어 주는 기부가 우리 사회를 따뜻하게 해 주니까요. 그런데 자신이 가진 돈이나 물건, 재능 등을 나누는 것 이외에 세상을 따뜻하게 하는 나눔이 또 있습니다. 바로 일을 나누어 주는 것입니다. 일을 나누어 준다니, 자신의 일을 다른 사람에게 떠넘겨서 다른 사람을 힘들게 하는 것이 아니냐고요? 하지만 일을 나누어 주는 것이 얼마나 큰 효과가 있는지를 알면 크게 놀랄 거예요.

마르크스의 사위였던 사상가 라파르그는 그 시대의 노동자들이 과중한 노동과 실업이라는 두 가지 문제에 시달린다는 것을 깨달았지요. 직장이 없는 사람은 가난 때문에, 직장이 있는 사람은 과중한 노동 때문에 고통 받는 것을 본 라파르그는 한 사람이 12시간을 일하는 것보다 6시간씩 두 사람이 일하는 것이 훨씬 더 좋을 것이라 생각했어요.

그의 시대에는 터무니없는 소리로 묻혀 버린 생각이 오늘날 '일자리 나눔'이라는 운동으로 부활했어요. 우리나라의 현실이 라파르그의 시대 문제와 아주 비슷하기 때문이에요.

일자리 나누기는 크게 '일자리 나누기(job sharing)'와 '일거리 나누기

(work sharing)'로 분류할 수 있습니다. '일자리 나누기'는 라파르그의 주장처럼 오랜 시간을 일하는 한 명의 노동자(풀타임 근로자)가 해야 할 일을 나누어 더 적은 시간을 일하는 노동자들(파트타임 근로자)에게 나누어 주는 것입니다. 그러면 일자리가 두 배로 늘어날 수 있죠. '쌍용자동차'는 노사 간의 합의로 주야 2교대 근무제를 실시하고 있어요. 기존의 근로자들은 야간 잔업이 없어지면 잔업 수당을 받지 못하게 되어 크게 반발할 것이라고 걱정했는데, '근로자 모두 한 식구'라는 생각이 널리 퍼지면서 오히려 회사 분위기가 더 좋아졌다고 합니다.

'일거리 나누기'는 노동자가 일하는 시간을 줄이면, 더 많은 직원을 채용할 수 있다는 개념이에요. 그렇게 되면 회사는 직원의 수를 쉽게 줄이지 못할 뿐만 아니라, 새로운 직원들을 뽑아야 하는 경우도 생기겠지요. 예를 들어 8시간씩 일하는 10명의 직원이 있는 회사가 근무시간을 6시간으로 줄인다면 몇 명의 직원이 더 필요할까요? 3명에서 4명의 직원들이 더 필요하겠지요.

물론 이렇게 많은 직원들을 늘리기는 어려운 일입니다. 회사 입장에서도 더 많은 직원에게 월급을 줘야 하니 부담이 커지겠죠. 하지만 미국의

Kellogg's
월급이 많이 나가서
부담이 크실텐데~
걱정 말고
두고보라고!!
일할 맛나네.
충분한 휴식과
안정을 취한 후라
능률이 오르는구나.

'켈로그'는 6시간 노동제를 시행한 후 사고율이 50%나 감소했고, 더 큰 이익이 생겨 5년 뒤에는 40%나 더 많은 직원을 고용할 수 있었다고 해요. 우리나라에서도 '보리 출판사'가 2012년부터 6시간 노동제를 시행하는 중입니다. 오전 9시에 출근해서 오후 4시면 퇴근을 하죠. 근무하는 직원들도 줄어든 근무시간 덕분에 가족과 함께 보내는 시간이 늘어나고, 외국어 공부 등 자기계발을 할 수 있어서 행복하다고 해요. 줄어든 시간만큼 근무시간 동안은 집중해서 근무를 하게 되고요. 직원들이 즐거운 기분으로 열심히 일한다고 하니 회사 입장에서도 손해는 아니겠지요.